Robert Panther

SQL-Abfragen optimieren

Robert Panther

SQL-Abfragen optimieren

Was Entwickler über Performance wissen müssen

schnell+kompakt

entwickler.press

Robert Panther
SQL-Abfragen optimieren. Was Entwickler über Performance wissen müssen
schnell+kompakt
ISBN: 978-3-86802-123-3

ein Imprint der Software & Support Media GmbH

http://www.entwickler-press.de
http://www.software-support.biz

Ihr Kontakt zum Verlag und Lektorat: lektorat@entwickler-press.de

Bibliografische Information Der Deutschen Bibliothek
Die Deutsche Bibliothek verzeichnet diese Publikation in der Deutschen Nationalbibliografie; detaillierte bibliografische Daten sind im Internet über http://dnb.ddb.de abrufbar.

Lektorat: Theresa Vögle
Korrektorat: Frauke Pesch
Copy-Editor: Nicole Bechtel, Lisa Pychlau-Ezli
Satz: Dominique Kalbassi
Umschlaggestaltung und Titelbild: Maria Rudi
Belichtung, Druck & Bindung: Media-Print Informationstechnologie GmbH, Paderborn

Inhaltsverzeichnis

Vorwort

Die Performance von Datenbanken ist oft ein kritischer Faktor für die effektive Nutzbarkeit von Businessanwendungen. Um eine gute Performance zu gewährleisten, müssen verschiedene Seiten der Datenbank betrachtet werden.

Während die Konfiguration und Überwachung der Datenbankserver idealerweise in den Händen von Datenbankadministratoren liegt, spielen auch die Datenbankzugriffe selbst eine entscheidende Rolle. Diese liegen normalerweise im Verantwortungsbereich der Entwickler (wobei ich hier Anwendungsentwickler und Datenbankentwickler der Einfachheit halber zusammenfasse). Aber auch von Datenbankadministratoren wird gelegentlich verlangt, SQL-Skripte zu schreiben, beispielsweise um Wartungsaufgaben zu implementieren, die dann regelmäßig automatisiert ausgeführt werden.

Dieses Buch erklärt in kompakter Form, wie man performante SQL-Abfragen formuliert. Der Inhalt ist in sechs Kapitel aufgeteilt:

- Die ersten Kapitel behandeln einige wichtige Grundlagen zu performancerelevanten Themen; Kapitel 1 startet mit einem Überblick über Indizes
- Kapitel 2 liefert Informationen zum besseren Verständnis der internen Verarbeitung von Abfragen
- Kapitel 3 schließt den Grundlagenteil mit einer Behandlung von Sperren und Transaktionen

- Ab Kapitel 4 geht es um die eigentliche Abfrageoptimierung, beginnend mit der Optimierung einzelner SQL-Abfragen
- Kapitel 5 behandelt Ansätze zur abfrageübergreifenden Optimierung, dabei werden auch verschiedene Varianten diskutiert, mit denen die Datenbanklogik von der Anwendung selbst auf den Server verlagert werden kann und wie sich dies auf die Performance auswirkt
- Kapitel 6 behandelt einige bewährte Problemstellungen aus der Praxis und zeigt, wie sich diese mit SQL möglichst performant lösen lassen

Der gesamte Text sowie insbesondere die Codebeispiele orientieren sich an Microsoft SQL Server ab Version 2005 bis hin zur gerade veröffentlichten 2014er-Version. Da es gerade bei Serveranwendungen üblich ist, dass auch ältere Versionen noch lange Zeit eingesetzt werden, wird stets darauf hingewiesen, wenn ein Optimierungsansatz erst mit einer neueren Version von SQL Server genutzt werden kann und – sofern möglich – auch eine Alternativlösung für ältere SQL-Server-Versionen aufgezeigt. Viele Optimierungsansätze sind sogar auf SQL-basierte Datenbankmanagementsysteme anderer Hersteller anwendbar. Somit erhält jeder, der selbst SQL-Abfragen schreibt – egal, ob Anwendungsentwickler, Datenbankentwickler oder DB-Administrator – wertvolle Hinweise für die Praxis.

Als Beispieldatenbank wird für die meisten Codebeispiele die Datenbank AdventureWorks in der 2012er-Variante genutzt, die bei Codeplex über den folgenden Link kostenfrei erhältlich ist: *http://msftdbprodsamples.codeplex.com/releases/view/93587*

Die 2014er-Variante der AdventureWorks-Beispieldatenbank war zur Fertigstellung dieses Texts leider noch nicht verfügbar. Falls Sie eine ältere Version als SQL Server 2012 einsetzen, sollten die Beispiele auch (notfalls mit geringen Anpassungen) auf den dazu passenden Versionen der AdventureWorks-Datenbank nachvollziehbar sein.

Zum Verständnis des Texts und der Beispiele werden zumindest SQL-Grundkenntnisse vorausgesetzt, da eine ausführliche Darstellung der grundlegenden SQL-Befehle den Umfang dieses Buchs sprengen würde. Dazu gibt es für den Einstieg in die Programmierung mit SQL bereits genügend andere gute Bücher auf dem Markt.

Das Optimieren von SQL-Abfragen ist ein komplexes Thema. Zu vielen Problemstellungen gibt es keine eindeutig beste Lösung, sondern mehrere verschiedene Ansätze, mit denen das Problem angegangen werden kann. Wenn Sie also zum einen oder anderen beschriebenen Ansatz einen anderen alternativen Lösungsweg bevorzugen, oder auch einfach nur allgemeines Lob oder Kritik zu diesem Text loswerden möchten, würde ich mich über eine E-Mail an *sqlserver@rpanther.de* freuen.

Zum Abschluss dieses Vorworts möchte ich noch einen persönlichen Hinweis anbringen:

Ich möchte dieses Buch meinem Vater Eckart widmen, der im Jahr vor dem Erscheinen dieses Buches unerwartet früh verstorben ist. Er hat mich bereits im Jahr 1995 dazu motiviert, mich mit dem Thema SQL Performance Tuning zu beschäftigen und dies damals auch zum Thema meiner Diplomarbeit (Optimierung von Datenbankanwendungen) zu machen. Es freut mich im Nachhinein sehr, dass diese Idee seitdem in mir weiterlebt und auch nach fast zwei Jahrzehnten immer noch ein hochinteressantes und stets aktuelles Thema geblieben ist.

Robert Panther

Königstein im April 2014

KAPITEL 1

Indizes

Bevor wir uns mit der Optimierung von SQL-Abfragen beschäftigen, ist es notwendig, ein paar Grundlagen zu kennen, damit man die weiter hinten im Buch beschriebenen Optimierungsansätze besser nachvollziehen kann.

Eines der wesentlichsten Elemente für einen performanten Datenbankzugriff sind Indizes. Dabei handelt es sich um zusätzliche Datenstrukturen, die den gezielten Zugriff auf bestimmte Datensätze beschleunigen sollen. Wie sich später zeigen wird, befasst sich auch ein guter Teil der Abfrageoptimierung mit der Problematik, ob existierende Indizes sinnvoll verwendet werden können. Ganz ohne Indizes kann keine größere relationale Datenbank performant laufen. Die Definition der richtigen Indizes erfordert jedoch etwas Hintergrundwissen, das auch für die Verwendung von Indizes in Abfragen hilfreich ist.

1.1 Grundlegende Funktionsweise von Indizes

Im einfachsten Fall kann man sich einen Index wie ein Stichwortverzeichnis in einem Buch vorstellen. Wenn man nun Informationen zu einem bestimmten Stichwort sucht, müsste man ohne das Stichwortverzeichnis das gesamte Buch lesen. Bei Datenbanktabellen entspricht dies einem so genannten *Table Scan*.

Ein Stichwortverzeichnis kann man – davon ausgehend, dass das Stichwortverzeichnis alle Begriffe umfasst (was bei einem Index der Fall ist) – nach dem Begriff durchsuchen (man nennt dies dann *Index Scan*) und dann gezielt auf die passenden Seiten des Buches zugreifen (entspricht einem *Row Lookup*).

Da das Stichwortverzeichnis sortiert ist, muss man nicht einmal das ganze Verzeichnis lesen, sondern kann darin gezielt nach den gewünschten Einträgen suchen, indem man in der Mitte des Stichwortverzeichnisses nachschaut und dann diejenige Hälfte davor bzw. danach weiter untersucht, in der das gesuchte Wort stehen muss. Mit dieser Hälfte verfährt man dann genauso wie im Schritt davor mit dem gesamten Verzeichnis (man nennt dies binäre Suche, da sich die zu durchsuchende Menge mit jedem Schritt halbiert). Somit sind insgesamt nur deutlich weniger Indexeinträge zu lesen, um den gesuchten Begriff zu finden. Bei einem Datenbankindex nennt man diesen Vorgang *Index Seek*, da der Index nicht komplett gelesen (gescannt), sondern stattdessen gezielt durchsucht wird.

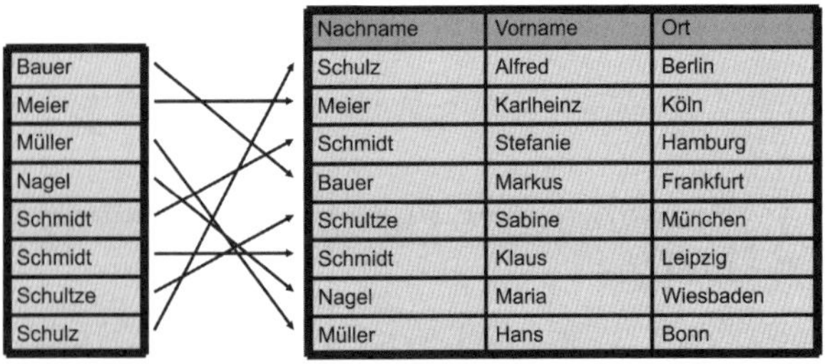

Abbildung 1.1: Vereinfachte Darstellung eines Index

Auch wenn dies in Büchern eher nicht der Fall sein wird, könnte man auch hier mehrere Indizes verwenden, die verschiedene Informationstypen speichern. So kann einer davon das eigentliche Stichwortverzeichnis sein und ein weiterer beispielsweise ein Abbildungs- oder ein Namensverzeichnis. Wenn nun nach einer bestimmten Person gesucht wird, kann dafür direkt das Namensverzeichnis angesprochen werden, was sicherlich deutlich kompakter und damit effektiver sein wird als das gesamte Stichwortverzeichnis.

Es gibt aber noch eine Sonderform von Indizes, nämlich die gruppierten (oder engl. clustered) Indizes. Bei ihnen wird kein zusätzliches Verzeichnis benötigt, sondern die Inhalte selbst sind in der richtigen Reihenfolge angeordnet. Dadurch ergibt sich allerdings auch, dass es pro Tabelle nur einen gruppierten Index geben kann. Die Entsprechung aus dem Verlagswesen ist ein Lexikon, in dem man ja auch mit relativ wenig Blättern die Informationen zu einem Begriff finden kann, ohne das ganze Buch lesen zu müssen (*Clustered Index Scan*). Stattdessen würde man ganz intuitiv irgendwo in der Mitte des Buches aufschlagen, um nachzuschauen, ob der gesuchte Begriff davor oder dahinter liegt und dann so fortfahren, wie bereits bei der binären Suche beschrieben. Der Unterschied zum nicht gruppierten Index liegt dann darin, dass – sobald man den gesuchten Begriff gefunden hat – dort kein Verweis auf dessen Beschreibung erfolgt, sondern diese direkt an der gefundenen Stelle steht. Der *Row Lookup* ist also nicht mehr erforderlich.

1.2 Realisierung von Indizes bei SQL Server

Bei SQL Server sind Indizes technisch etwas komplexer realisiert als es in der letzten Abbildung zu sehen war. Um dies korrekt darstellen zu können, muss man allerdings etwas weiter ausholen.

Wie bereits in den vorangegangenen Kapiteln erwähnt, speichert SQL Server seine Daten (das gilt in diesem Fall sowohl für Zeilen- als auch für Indexdaten) in Dateien. Diese Dateien sind in 8 KB große *Speicherseiten* unterteilt, in denen die eigentlichen Daten zu finden sind.

Im Fall einer Tabelle ohne gruppierten Index sind die Daten unsortiert in den Speicherseiten zu finden. Man nennt diese Anordnung daher auch *Heap* (= Haufen).

Bei einem nicht gruppierten Index sind die Indexeinträge in Form eines *B-Baums* gespeichert. Somit kommt man relativ schnell zu dem gesuchten Eintrag. Erst in der Blattebene des Baums ist dann ein Zeiger auf Datei-, Seiten- und Zeilennummer des Heaps gespeichert, sodass hierüber direkt auf die richtige *Datenseite* im Heap zugegriffen werden kann.

Bei einem gruppierten Index dagegen befinden sich die eigentlichen Daten direkt auf der Blattebene des B-Baums. Nicht gruppierte Indizes auf Tabellen mit gruppiertem Index verweisen dann auch nicht direkt auf die Speicherseite im Heap, sondern auf den gruppierten Index für die entsprechende Datenzeile. Dieses Verfahren bringt sowohl Vor- als auch Nachteile mit sich. Nachteilig ist, dass alle nicht gruppierten Indizes auf eine Tabelle neu angelegt werden müssen, wenn auf dieser Tabelle ein gruppierter Index neu angelegt oder gelöscht wird. Von Vorteil ist dafür, dass ein Reorganisieren des gruppierten Index kein Reorganisieren der nicht gruppierten Indizes nach sich zieht, da diese ja nicht direkt auf die Speicherseiten verweisen.

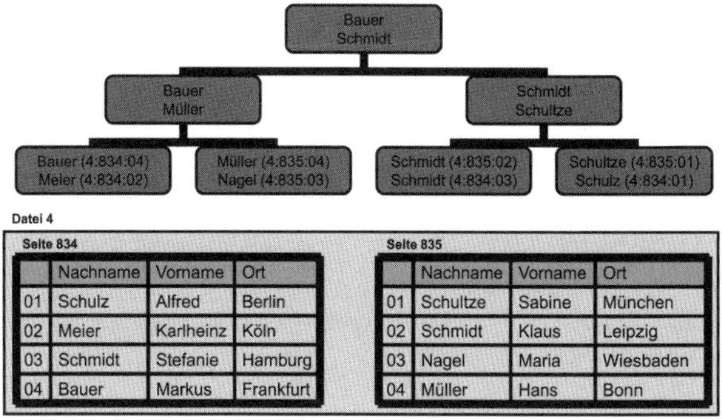

Abbildung 1.2: Korrekte Darstellung eines Index (als B-Baum)

Sowohl bei gruppierten als auch bei nicht gruppierten Indizes befinden sich die Indexdaten ebenfalls auf 8 KB großen Speicherseiten. Kommt nun ein neuer Indexeintrag hinzu, so wird er auf der Speicherseite eingefügt, sofern der Platz noch ausreicht. Ist das nicht der Fall, so wird die Seite geteilt (*Page Split*), sodass daraus zwei maximal halbvolle Speicherseiten entstehen und der neue Indexeintrag problemlos eingefügt werden kann. Für die zusätzliche Speicherseite muss im Indexbaum auf der Ebene darüber natürlich ebenfalls ein neuer Eintrag erzeugt werden, sodass auch hier die Gefahr besteht, dass ein Page Split durchgeführt werden muss. Das funktioniert zwar soweit recht gut, hat aber drei entscheidende Nachteile:

- Der Page Split selbst kostet Zeit
- Durch Page Splits wird die B-Baum-Struktur immer unausgeglichener und der Index zunehmend fragmentiert
- Da die zusätzliche Indexseite an einer freien Stelle eingefügt wird, liegen die Indexseiten nicht mehr physikalisch in der

richtigen Reihenfolge vor; wenn in einer Abfrage ein größerer Bereich des Index sortiert gelesen werden muss, kann das nicht mehr kontinuierlich an einem Stück geschehen, sondern es werden zusätzliche Neupositionierungen der Festplattenköpfe nötig, was wiederum Zeit kostet

Um das Problem der Indexfragmentierung zu lösen, sollte man alle Indizes regelmäßig reorganisieren (REORG) oder besser noch neu erzeugen (REBUILD).

Beim SQL Server wird zum Reorganisieren die folgende Anweisung verwendet:

```
ALTER INDEX indexname
ON tabellenname REORGANIZE
```

Wird der Index komplett neu aufgebaut, kann dabei noch optional ein Füllfaktor angegeben werden, der definiert, bis zu welchem Prozentsatz die Speicherseiten des Index gefüllt werden (der frei gelassene Platz wird genutzt, damit der Index nicht so schnell neu fragmentiert wird):

```
ALTER INDEX indexname
ON tabellenname REBUILD
WITH (FILLFACTOR = fuellfaktor)
```

Die Wartung von Indizes (sowie auch der dazu gehörenden Statistiken) ist ein relativ komplexes Thema, das allerdings eher in den Aufgabenbereich von Datenbankadministratoren gehört.

Da es in diesem Text primär um die Optimierung von Abfragen geht, würde eine weitere Vertiefung dieses Themas an dieser Stelle zu weit führen. Weiterführende Informationen hierzu finden Sie in den Books online oder in meinem SQL-Server-Performance-Ratgeber, der ebenfalls bei entwickler.press erschienen ist.

Um das Risiko von Page Splits zu minimieren, kann man – wie weiter oben bereits erwähnt – auf Indexseiten etwas Platz für neue Einträge freihalten, indem man beim Erstellen des Index einen so genannten *Füllfaktor* angibt. Ein Füllfaktor von 80 % gibt beispielsweise an, dass beim Erstellen des Index die Speicherseiten nur zu 80 % gefüllt werden, wodurch 20 % für zusätzliche Indexeinträge frei bleiben.

Für das Erstellen von Indizes wird die folgende Anweisung verwendet:

```
CREATE INDEX indexname
ON tabellenname (feldliste)
WITH (FILLFACTOR = fuellfaktor)
```

Dieser Füllfaktor bezieht sich allerdings erst einmal nur auf die Blattebene des Indexbaums. Sollen auch die anderen Seiten des Indexbaums denselben Füllfaktor erhalten, so ist zusätzlich noch die Option *PAD_INDEX = ON* anzugeben:

```
CREATE INDEX indexname
ON tabellenname (feldliste)
WITH (FILLFACTOR = fuellfaktor,
PAD_INDEX = ON)
```

Mit der Zeit werden die Indexseiten natürlich stärker gefüllt, sodass das Risiko einer Notwendigkeit von Page Splits wieder steigt. Allerdings wird beim Neuaufbau eines Index über die Option *REBUILD* auch der Füllfaktor wieder hergestellt, was ein weiterer Grund dafür ist, dass man diese Wartungsaktion regelmäßig durchführen sollte.

1.3 Kombinierte Indizes

Wie die Syntaxdarstellung weiter oben bereits andeutet, kann man Indizes nicht nur für einzelne Felder, sondern auch für Feldkombinationen erstellen. Das zuvor dargestellte Beispiel ließe sich also leicht erweitern, indem man den Index nicht nur für den Nachnamen, sondern für die Kombination aus Nach- und Vornamen erstellt. Dadurch kann auch bei vielen Einträgen mit demselben Nachnamen direkt der Datensatz mit der richtigen Kombination aus Nach- und Vornamen gefunden werden.

Ein Beispiel:

```
CREATE INDEX IX_Name
ON Personen (Nachname, Vorname)
WITH (FILLFACTOR = 80)
```

Hierbei ist auch die korrekte Reihenfolge der Felder im Index von Bedeutung. Denn wenn statt des vollen Namens nur nach einem bestimmten Nachnamen gesucht wird, kann der passende Eintrag trotzdem durch einen Index Seek gefunden werden, da ja auch der kombinierte Index primär nach dem Nachnamen sortiert ist. Wäre der Index stattdessen für die Kombination aus Vor- und Nachnamen angelegt, müsste stattdessen der komplette Index gelesen werden (Index Scan), was deutlich mehr Aufwand bedeutet.

Für die Wahl der richtigen Reihenfolge sollten also die Spalten zuerst angegeben werden, nach denen am häufigsten gesucht bzw. gefiltert wird. Werden bei einem kombinierten Index immer alle Spalten bei der Suche angegeben, sollte die selektivste Spalte (also die mit den meisten unterschiedlichen Werten) vorne stehen, damit das Suchergebnis möglichst schnell möglichst stark eingeschränkt werden kann. Erstellen Sie also einen Index für die Spalten *PLZ* und *Ort* einer Adresstabelle, so ist es – wenn von der Anwendung dafür gesorgt ist, dass immer beide Suchkriterien angegeben werden – effektiver, wenn der Index auf die Kombination *PLZ, Ort* definiert wird als andersherum, weil es deutlich mehr unterschiedliche Postleitzahlen gibt als Ortsnamen.

1.4 Abdeckende Indizes

Unabhängig davon, ob ein Index Seek oder ein Index Scan die passenden Einträge im Index findet, ist normalerweise für jeden Treffer noch ein Row Lookup nötig, um die eigentlichen Zeilendaten zu diesem Index zu lesen. Diese Operation kann eingespart werden, wenn nur Felder selektiert werden, die Bestandteil des Index sind. Wenn man also bei einem existierenden Index auf die Kombination aus Nach- und Vornamen lediglich die Vornamen sucht, die zu einem bestimmten Nachnamen gespeichert sind, muss auf die eigentlichen Zeilendaten nicht zugegriffen werden, da die Vornamen ja ebenfalls aus dem Index gelesen werden können. In diesem Fall handelt es sich um einen (für die Abfrage) abdeckenden Index, da in ihm alle Spalten enthalten sind, die in der Abfrage benötigt werden.

Man kann die Chance für abdeckende Indizes auch erhöhen, indem man Indizes um so genannte Include-Spalten erweitert. Dabei handelt es sich um Spalten der Tabelle, die zwar ebenfalls im Index mit gespeichert werden, aber nach denen nicht sortiert wird.

Ein Beispiel:

```
CREATE INDEX IX_Name
ON Personen (Nachname, Vorname)
INCLUDE (Telefon)
```

Wird nun anhand des Nachnamens nach den dazugehörigen Vornamen und Telefonnummern gesucht, ist lediglich ein Zugriff auf den Index nötig, da alle abgefragten Informationen darin enthalten sind.

Gegenüber einem Index, in dem alle verwendeten Spalten als normale Indexspalten enthalten sind, bietet die INCLUDE-Variante den Vorteil, dass der Index nicht umsortiert werden muss, wenn lediglich Werte aus inkludierten Spalten geändert werden. Der Aktualisierungsaufwand des Index beim Ändern von Daten ist also geringer.

1.5 Gefilterte Indizes

Seit SQL Server 2008 gibt es die Möglichkeit, gefilterte Indizes zu definieren. Dabei handelt es sich um Indizes, die nicht für alle Zeilen einer Tabelle erstellt werden, sondern nur für diejenigen, die eine vorgegebene *WHERE*-Klausel erfüllen.

Das ist beispielsweise dann sinnvoll, wenn ein Feld in 90 Prozent der Fälle denselben Inhalt hat und der Index nur für die anderen 10 Prozent gespeichert werden soll. Für die 90 Prozent würde er ohnehin nicht genutzt, da SQL Server automatisch erkennt, dass in diesem Fall ein Lesen der kompletten Tabelle (mit anschließendem Herausfiltern der nicht gewünschten 10 Prozent) effektiver ist.

Für eine Personentabelle, die Mitglieder in einem Boxclub speichert, ließe sich folgender Index verwenden, um schneller gezielt die wenigen Frauen abfragen zu können, die dem Club angehören:

```
CREATE INDEX IX_Frauen
ON Personen (Geschlecht, Nachname, Vorname)
WHERE Geschlecht = 'F'
```

Da ein Großteil der Mitglieder Männer sind, benötigt der Index nur wenig Speicher. Wenn man nun gezielt eine Liste der Männer abfragt, wird vermutlich ein Table Scan ausgeführt, also die gesamte Tabelle gelesen. Wird aber eine Liste der Frauen abgefragt, so kann der Index genutzt werden, um schnell die relevanten Datensätze herauszusuchen.

1.6 Indizierte Sichten

Indizes lassen sich nicht nur auf Tabellen erstellen, sondern auch auf Sichten. Das hat zur Folge, dass die in der Sicht enthaltenen Daten redundant gespeichert werden, daher wird dieses Konzept manchmal auch als materialisierte Sicht bezeichnet (bei Oracle beispielsweise wird vorrangig diese Bezeichnung verwendet).

Damit Indizes auf eine Sicht erstellt werden können, muss sie mit der Option *WITH SCHEMABINDING* erstellt sein, da jede Strukturänderung an einer der beteiligten Tabellen auch den Index ungültig machen würde. Außerdem muss ein Index auf eine Sicht immer als eindeutiger gruppierter Index erstellt werden.

Als konkretes Beispiel kann man eine Sicht für die *AdventureWorks2012*-Datenbank erstellen:

```
CREATE VIEW Person.vwPersonPhone
WITH SCHEMABINDING
AS
SELECT pers.FirstName, pers.LastName,
    phone.PhoneNumber,
    ptype.Name AS PhoneType
FROM Person.Person AS pers
    INNER JOIN Person.PersonPhone AS phone
        ON pers.BusinessEntityID
           = phone.BusinessEntityID
    INNER JOIN Person.PhoneNumberType AS ptype
        ON phone.PhoneNumberTypeID
           = ptype.PhoneNumberTypeID
```

Wenn Sie anschließend eine Abfrage auf diese Sicht erstellen und sich den Ausführungsplan[1] dazu anzeigen lassen, ist eine Kombination aus Index Scans auf verschiedene Indizes (gruppierte und nicht gruppierte) der beteiligten Tabellen zu sehen.

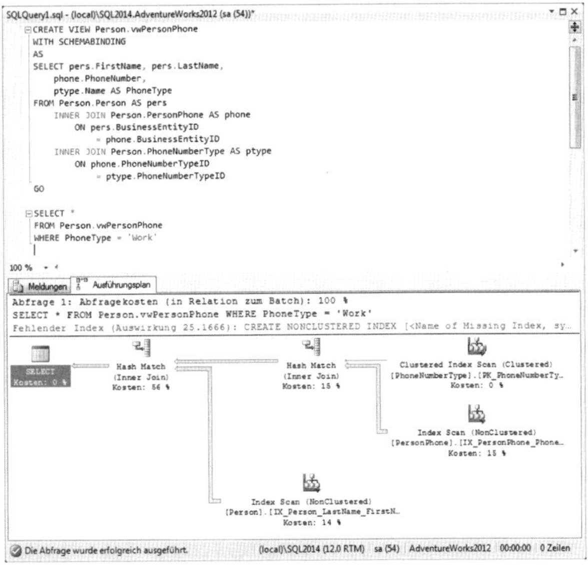

Abbildung 1.3: Der Ausführungsplan für die Sicht ohne Index

Mit der folgenden Anweisung erstellen wir nun einen gruppierten Index auf diese Sicht:

1 Das Arbeiten mit Ausführungsplänen wird in Kapitel 2 im Detail behandelt.

```
CREATE UNIQUE CLUSTERED INDEX ixPersonPhone
ON Person.vwPersonPhone
(PhoneType, LastName, FirstName, PhoneNumber)
```

Wenn man nun den Ausführungsplan der Abfrage betrachtet, ist zu sehen, dass nicht mehr die Tabelle selbst, sondern nur noch der Index angesprochen wird, was zu einer deutlich performanteren Ausführung der Abfrage führt.

Interessanter Nebeneffekt dabei ist, dass nun selbst die Abfrage, die zur Erstellung des Index genutzt wurde, von der indizierten Sicht profitiert, selbst wenn die Sicht nicht explizit angesprochen wird.

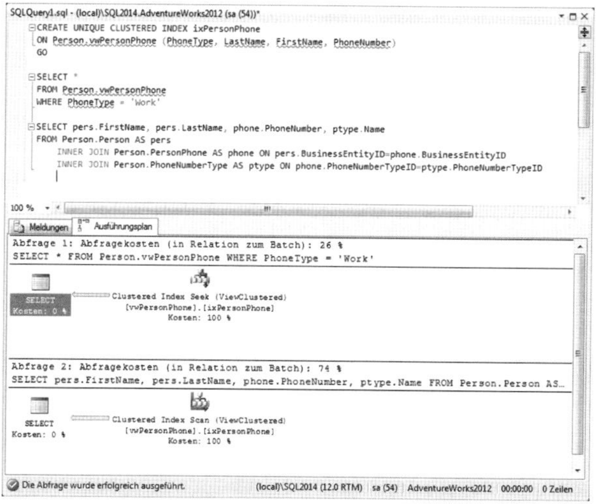

Abbildung 1.4: Der Ausführungsplan für die indizierte Sicht

Dennoch sollte man indizierte Sichten nur gezielt einsetzen, denn einerseits unterwirft man sich durch die Notwendigkeit der Option WITH SCHEMABINDING erheblichen Einschränkungen, und andererseits erfordert jede Datenänderung an einer der beteiligten Tabellen einen Neuaufbau der indizierten Sicht.

1.7 Spaltenbasierte Indizes

Mit SQL Server 2012 neu eingeführt wurde die Technologie der spaltenbasierten Indizes (oder engl.: Columnstore Index).

Dabei werden die Daten nicht nach Zeilen, sondern nach Spalten angeordnet abgelegt, wodurch sich insbesondere bei sich oft wiederholenden Werten durch Komprimierung große Speicherplatzersparnisse ergeben, die wiederum dazu führen, dass kleinere Datenmengen in den Hauptspeicher gelesen werden müssen (und auch dort länger gehalten werden können) und somit schneller im Zugriff sind.

Der größte Nachteil dieser Technologie war bisher, dass die Tabellen, für die ein spaltenbasierter Index existiert, mit SQL Server 2012 nicht mehr geändert werden konnten. Wenn eine Änderung erforderlich war, musste der Index daher zuerst gelöscht und nach der Datenänderung wieder neu angelegt werden. Dazu gab es größere Einschränkung bezüglich der zu verwendenden Datentypen. Insbesondere *uniqueidentifier* sowie alle komplexeren Datentypen (z. B. *varchar(max)/nvarchar(max)*, *binary/varbinary*, *xml* etc.) und alle .NET-CLR-basierten Datentypen sind mit SQL Server 2012 in Verbindung mit spaltenbasierten Indizes nicht nutzbar. Außerdem waren mit SQL Server 2012 nur nicht gruppierte spaltenbasierte Indizes realisierbar.

Mit SQL Server 2014 gehören nun viele dieser Beschränkungen der Vergangenheit an. So lassen sich jetzt auch gruppierte spaltenbasierte Indizes erstellen. Vor allem ist es jetzt aber auch möglich, in Tabellen mit einem existierenden spaltenbasierten Index Schreibvorgänge (INSERT, UPDATE & DELETE) durchzuführen. Dazu werden nun auch einige zusätzliche (aber leider lange noch nicht alle) Datentypen unterstützt. Zumindest *uniqueidentifier* und *binary/varbinary* sind nun auch in Kombination mit spaltenbasierten Indizes verwendbar.

Am effektivsten arbeiten spaltenbasierte Indizes, wenn nur ein kleiner Teil der Spalten einer Tabelle abgefragt wird. Durch die spaltenorientierte interne Anordnung der Daten kann so direkt in den benötigten Spalten gesucht werden, während die Daten der anderen Spalten nicht mitgelesen werden müssen.

Da ein spaltenbasierter Index aber nicht in jeder Konstellation den schnellsten Zugriff auf die Daten bietet, entscheidet der SQL Server (bzw. dessen integrierter Abfrageoptimierer) automatisch, ob ein existierender spaltenbasierter Index genutzt wird oder der Zugriff stattdessen über klassische Indizes erfolgt.

1.8 Volltextindizes

Eine weitere Sonderform der Indizes sind die schon länger verfügbaren Volltextindizes. Diese ermöglichen eine Volltextsuche in verschiedenen Spalten einer Tabelle, wobei auch Felder mit Datentypen integrierbar sind, die sonst nicht indiziert werden können. Grundlage dafür ist ein *Volltextkatalog*, in dem alle in den betroffenen Spalten verwendeten Begriffe gespeichert werden. Lediglich unnötige Füllwörter (so genannte *Noise Words*) werden dabei herausgefiltert, um den Volltextkatalog nicht unnötig wachsen zu lassen.

Unterschiede zu normalen Indizes:

- Volltextindizes werden getrennt von konventionellen Indizes verwaltet – bis SQL Server 2005 geschah dies in Form von separaten Dateien, seit SQL Server 2008 in einem getrennten Bereich der Datenbank
- In Volltextindizes sind neben allen alphanumerischen Datentypen (auch lange *VARCHAR*-Felder) auch Felder der Datentypen *IMAGE*, *VARBINARY* und *XML* nutzbar; das funktioniert auch, wenn sie in Filestreams verwaltet werden
- Volltextindizes werden nicht automatisch genutzt, sondern müssen über entsprechende Funktionen (z. B. *CONTAINS*) gezielt angesprochen werden
- Auch die Aktualisierung von Volltextindizes geschieht nicht automatisch und synchron mit jeder Datenänderung, sondern asynchron und muss – je nach Konfiguration des Volltextindex – eventuell sogar explizit vorgenommen (oder besser noch als regelmäßige Wartungsaufgabe durchgeführt) werden
- Über Filter sind auch spezielle Datentypen indizierbar, die in *VARBINARY*-Feldern abgelegt sind; dies umfasst momentan vor allem Word-, Excel-, PowerPoint-, HTML- und PDF-Dateien, kann aber durch zusätzliche Filter beliebig erweitert werden
- Pro Tabelle ist nur ein Volltextindex möglich (bei SQL Server Express darf er auch nur eine Spalte verwenden)
- Neben der rein textuellen Suche ist auch eine linguistische Suche möglich, die verschiedene Formen desselben Worts und sogar Synonyme finden kann

Damit die Volltextindexfunktionalität genutzt werden kann, müssen allerdings auch ein paar Voraussetzungen erfüllt sein:

- Die Volltextindexfunktionalität muss installiert sein. Bei Bedarf kann sie auch nachträglich hinzugefügt werden, indem das Setup erneut aufgerufen wird (ab SQL Server 2008 auch über das SQL Server-Installationscenter); anschließend sollten Sie eventuell installierte Service Packs neu einspielen, damit auch das Volltextindexfeature mit aktualisiert wird
- Der *SQL Full-text Filter Daemon Launcher*-Dienst muss gestartet sein; dazu muss der User, unter dem dieser Dienst läuft, Mitglied in der lokalen Benutzergruppe *SQLServerFDHostUser* sein

An dieser Stelle soll es erst einmal ausreichen, die grundlegende Funktionsweise von Volltextindizes beschrieben zu haben. Die Nutzung von Volltextindizes in Abfragen wird in Kapitel 4.3 näher beschrieben.

Zuvor sind noch einige grundlegende Aspekte zu klären, die auch konventionelle Indizes betreffen.

1.9 Index oder nicht?

So hilfreich ein Index auch sein mag, sollte man natürlich nicht für jedes Feld einen oder mehrere Indizes erzeugen. Denn letzten Endes erzeugt auch ein Index redundante Daten (wenn auch nur für einen Teil der Felder), sodass auch hier der Grundsatz gilt:

„Redundante Datenhaltung erhöht die Lesegeschwindigkeit auf Kosten der Schreibgeschwindigkeit!“

Denn so wie Lesevorgänge durch die Verwendung von Indizes meist erheblich beschleunigt werden können, werden Schreibvorgänge verlangsamt, da neben den eigentlichen Daten ja auch noch die Indizes mit aktualisiert werden müssen. Dies ist insbesondere bei gruppierten Indizes aufwändig, aber auch bei nicht gruppierten Indizes nicht zu unterschätzen. Dazu kommt der Aufwand, der für eine regelmäßige Reorganisation der Indizes anfällt.

Unabhängig von den direkten Auswirkungen auf die Performance belegen natürlich auch Indizes Speicherplatz und dies sowohl in der Datenbank selbst als auch bei allen Sicherungen der Datenbank.

Es ist also zu entscheiden, für welche Felder und Feldkombinationen man einen Index erstellen sollte und für welche nicht. Hierbei sind folgende Kriterien zu berücksichtigen:

- Felder, nach denen oft gesucht wird, bieten sich für Indizes an.
- Felder, die als Fremdschlüsselspalten verwendet werden, sollten indiziert werden, da auf diese Felder bei jedem *JOIN* gefiltert wird.
- Felder und Tabellen, die selten geändert werden, sollten Sie stärker indizieren.
- Felder mit geringer Selektivität eignen sich weniger für Indizes. Wenn es für eine Spalte nur wenige verschiedene Werte gibt (typisches Beispiel wäre hier ein Kennzeichen für das Geschlecht, das nur die Werte *m* und *w* zulässt), kann das Suchergebnis durch einen entsprechenden Index nicht maßgeblich verkleinert werden. Ein entsprechender Index würde hier in der Regel gar nicht benutzt, da ein komplettes Lesen der gesamten Tabelle mit anschließendem Filtern effektiver ist. Daher ist es normalerweise auch wenig sinnvoll, diese Spalte zu indizieren (es sei denn als Bestandteil eines kombinierten Index).
- Tabellen, die schnell geschrieben, aber nur selten gelesen werden müssen (z. B. Webserverlogs) sollten nur minimal indiziert werden.

Neben diesen allgemeinen Erwägungen, die insbesondere dann eine Rolle spielen, wenn eine Datenbank oder auch nur einzelne

Tabellen neu erstellt werden, bietet SQL Server auch Unterstützung, wenn es darum geht, im laufenden Betrieb zu entscheiden, welche Indizes eventuell noch fehlen und welche überflüssig sind.

Hierfür gibt es derzeit drei Möglichkeiten:

- Sie verwenden den *Datenbankoptimierungsratgeber*, der aufgrund eines SQL-Skripts oder eines Profiler Trace-Files Vorschläge gibt, welche Indizes sinnvollerweise noch zu erstellen sind
- Sie nutzen die *dynamischen Managementsichten* sowie dazu gehörende Systemfunktionen, um Vorschläge über fehlende Indizes zu bekommen
- Sie folgen den Hinweisen, die der Abfrageeditor im SQL Server Management Studio gibt, wenn man den Ausführungsplan von Abfragen anzeigen lässt

Das Auffinden von fehlenden und überflüssigen Indizes ist eigentlich eine Aufgabe für Datenbankadministratoren und wird daher an dieser Stelle nicht im Detail erläutert. Weiterführende Informationen hierzu finden Sie in den Books online oder in meinem SQL-Server-Performance-Ratgeber, der ebenfalls bei entwickler.press erschienen ist.

1.10 Gruppiert oder nicht?

Neben der Entscheidung, für welche Spalten (oder Spaltenkombinationen) überhaupt ein Index zu definieren ist, sollte man sich auch Gedanken machen, welche Spalten für einen gruppierten Index in Frage kommen.

In den meisten Fällen entspricht der gruppierte Index dem Primärschlüssel (und wird standardmäßig auch so von SQL Server erstellt). Insbesondere dann, wenn die Wahl hier auf den *uniqueidentifier* fallen sollte, kann es aber auch sinnvoll sein, einen separaten gruppierten Index zu wählen. Ausschlaggebendes Kriterium ist hier die Tatsache, dass der gruppierte Index die physikalische Speicherung der Datenzeilen vorgibt. Da die automatisch generierten Werte des Typs *uniqueidentifier* nicht ständig wachsend sind, hätte dies zahlreiche Page Splits und damit eine starke Fragmentierung des Index – also auch der gesamten Tabelle – zur Folge. Ein ähnliches Problem ergibt sich, wenn die Werte von Spalten, die Bestandteil eines gruppierten Index sind, sich häufig ändern. Daher gibt es für einen guten gruppierten Index folgende Anforderungen:

- Spalte mit Werten, die kontinuierlich wachsen (z. B. Kundennummern etc.)
- Spalten, deren Werte selten geändert werden

In einigen Fällen eignen sich auch Fremdschlüsselspalten hervorragend als Bestandteil eines gruppierten Index. Besonders wenn die Tabellen meist nur zusammen mit der übergeordneten Tabelle abgefragt werden, kann es – wie weiter oben bereits angedeutet – sinnvoll sein, den Fremdschlüssel in Kombination mit weiteren Spalten als gruppierten Index zu definieren.

Ein typisches Beispiel hierfür ist eine Tabelle *Orders* (Bestellungen), an der eine Tabelle *OrderItems* (Bestellpositionen) hängt. Für beide Tabellen existiert eine ID-Spalte mit automatisch vergebenen numerischen Werten als Primärschlüssel. Statt nun genau diese beiden Spalten auch als gruppierten Index für die jeweilige Tabelle zu definieren, kann man in der Tabelle *OrderItems* die Fremdschlüsselspalte *OrderId* als gruppierten Index nutzen, da die Bestellpositionen eigentlich immer in Zusammenhang mit der zugehörigen Bestellung abgefragt werden. Bei Bedarf kann man notfalls noch einen nicht gruppierten Index auf die ID-Spalte der *OrderItems*-Tabelle erstellen.

HINWEIS: In der *AdventureWorks2012*-Datenbank wurde dies ähnlich umgesetzt, indem die Tabelle *Sales.SalesOrderHeader* den Primärschlüssel (und gruppierten Index) auf der Spalte *SalesorderID* hat, während die Tabelle *Sales.SalesOrderDetail* dafür die Kombination aus der Fremdschlüsselspalte *SalesOrderID* und dem Identitätswert *SalesOrderDetailID* nutzt. Durch die Einbeziehung der *SalesOrderID* in den gruppierten Index ist ein schnelles Auffinden aller Bestellpositionen zu einer Bestellung gewährleistet, während die *SalesOrderDetailID* als zweite Spalte des gruppierten Index dessen Eindeutigkeit sicherstellt.

KAPITEL 2

Interne Verarbeitung von Abfragen

Um besser einzuschätzen zu können, an welchen Stellen eine Abfrageoptimierung erfolgversprechend ist, hilft es zu wissen, wie SQL-Abfragen im Detail intern verarbeitet werden.

2.1 Ablauf der Abfrageverarbeitung

Bevor eine Abfrage ausgeführt wird, erstellt SQL Server einen Ausführungsplan, in dem festgelegt wird, wie auf die beteiligten Tabellen zugegriffen wird. Genau genommen geschieht dies in drei Schritten, bei denen verschiedene Komponenten beteiligt sind.

1. Der so genannte *Parser* prüft die Syntax der SQL-Anweisung und erstellt einen groben *Ausführungsbaum.*
2. Der *Algebrizer* erledigt ähnliche Aufgaben wie der Parser, geht hierbei jedoch einen Schritt weiter, da nun auch die vorhandenen Datenstrukturen der von der Abfrage verwendeten Datenbankobjekte berücksichtigt werden. So werden einerseits die Namen von Tabellen und Spalten geprüft, aber auch die Korrektheit der dazugehörigen Datentypen. Als Ergebnis des Algebrizers wird der logische Ausführungsbaum weiter optimiert und als *Syntaxbaum* im *Plan-Cache* gespeichert (der

Plan-Cache wird weiter hinten in diesem Kapitel ausführlicher behandelt).

3. Der *Optimizer* (dt.: *Optimierer*) schließlich erstellt den eigentlichen Ausführungsplan, der die Art und Reihenfolge des Zugriffs auf die beteiligten Tabellen regelt. Auch dieser Ausführungsplan wird im Plan-Cache gespeichert.

Dieses Vorgehen greift bei der Verarbeitung von Ad-hoc-Abfragen, parametrisierten Abfragen und sogar gespeicherten Prozeduren. Im Allgemeinen ist die oben dargestellte Dreiteilung nicht so relevant. Der wesentliche Punkt ist die Tatsache, dass der Optimierer einen Ausführungsplan erstellt, in dem festgelegt wird, wie die Abfrage intern ausgeführt wird.

Dabei werden die einzelnen Klauseln einer SQL-Abfrage in folgender Reihenfolge abgehandelt:

1. *FROM* bestimmt, welche Tabellen gelesen und wie sie miteinander verknüpft werden
2. *WHERE* filtert die Tabellen zeilenweise aufgrund von Bedingungen
3. *GROUP BY* fasst Zeilen des Zwischenergebnisses zusammen
4. *HAVING* filtert die Zeilen des Zwischenergebnisses anhand von Bedingungen
5. *SELECT* wählt die als Ergebnis zurückzugebenden Spalten aus
6. *ORDER BY* sortiert die Ergebniszeilen
7. *TOP/OFFSET* reduziert die Ergebnismenge auf eine bestimmte Anzahl von Zeilen (bei Verwendung von *OFFSET* ab einer bestimmten Position)

Auffällig ist dabei, dass dies nicht ganz der Reihenfolge entspricht, in der die einzelnen Klauseln in einer SQL-Abfrage angegeben werden. So werden die einzelnen Spalten, deren Daten gelesen werden, bei der Abfrage zwar gleich am Anfang angegeben, bei der Ausführung aber erst im vorletzten Schritt berücksichtigt.

HINWEIS: Etwas logischer ist dies in der Abfragesyntax der Abfragesprache LINQ gestaltet. Hier werden die Klauseln in der Reihenfolge *FROM, WHERE, ORDER BY, SELECT* aufgeführt, was schon eher der Auswertungsreihenfolge entspricht und insbesondere verbesserte Möglichkeiten für die Eingabeunterstützung mittels IntelliSense im Code-Editor bietet. Ähnlich verhält es sich bei den in XQuery verwendeten FLWOR-Ausdrücken. Diese werden – entsprechend der Abkürzung – in der Reihenfolge *FOR, LET, WHERE, ORDER BY, RETURN* ausgewertet. Wenn man sich hier die letzten drei Bestandteile anschaut, wird zuerst die Menge der Zeilen mit *WHERE* gefiltert, dann mit *ORDER BY* sortiert und schließlich werden mit *RETURN* die zurückzugebenden Werte definiert.

2.2 Ausführungspläne

Im SQL Server Management Studio kann man sich den Ausführungsplan zu einer Abfrage anzeigen lassen. Dabei wird zwischen dem geschätzten und realen Ausführungsplan unterschieden.

Der geschätzte Ausführungsplan wird angezeigt, ohne dass die Abfrage wirklich ausgeführt wird. Dazu wählen Sie im Management Studio den Menüpunkt ABFRAGE |GESCHÄTZTEN AUSFÜHRUNGSPLAN ANZEIGEN oder das dazu gehörende Symbol in der Symbolleiste. Bis SQL Server 2008 R2 gab es zusätzlich noch eine entsprechende Tastenkombination STRG+L.

Alternativ kann der tatsächliche Ausführungsplan angezeigt werden, sobald die Abfrage ausgeführt wird. Auch hierzu gibt es einen Menüpunkt (ABFRAGE | TATSÄCHLICHEN AUSFÜHRUNGSPLAN EINSCHLIESSEN), ein Symbol in der Symbolleiste sowie bis SQL

Server 2008 R2 auch eine Tastenkombination (STRG+M). Durch jede dieser drei Varianten wird die Option umgeschaltet, also aktiviert bzw. deaktiviert. Wenn Sie die Anzeige des tatsächlichen Ausführungsplans aktiviert haben und anschließend die Abfrage ausführen, erscheint im Ergebnisbereich neben den Registerkarten ERGEBNISSE und MELDUNGEN noch eine weitere, die mit AUSFÜHRUNGSPLAN betitelt ist und den tatsächlichen Ausführungsplan beinhaltet.

So wird für die folgende Abfrage ...

```
SELECT pers.FirstName, pers.LastName,
    phone.PhoneNumber
FROM Person.Person AS pers
    INNER JOIN Person.PersonPhone AS phone
        ON pers.BusinessEntityID
        = phone.BusinessEntityID
    INNER JOIN Person.PhoneNumberType AS ptype
        ON phone.PhoneNumberTypeID
        = ptype.PhoneNumberTypeID
WHERE ptype.Name = 'Home'
    AND pers.LastName = 'Gonzalez'
```

... beispielsweise der in der Abbildung 2.1 dargestellte Ausführungsplan erstellt.

Doch wodurch unterscheiden sich der geschätzte und der tatsächliche Ausführungsplan?

Der geschätzte Ausführungsplan ist der Plan, der vom Abfrageoptimierer erstellt wird. Während die Abfrage ausgeführt wird, kann es jedoch vorkommen, dass beim Lesen von Tabellen oder Indizes festgestellt wird, dass der geschätzte Ausführungsplan auf veralteten Statistiken beruhte. Das kann dann zur Folge haben, dass der tatsächliche Ausführungsplan noch während der Ausführung angepasst wird und sich der tatsächliche Ausführungsplan damit vom geschätzten Plan unterscheidet.

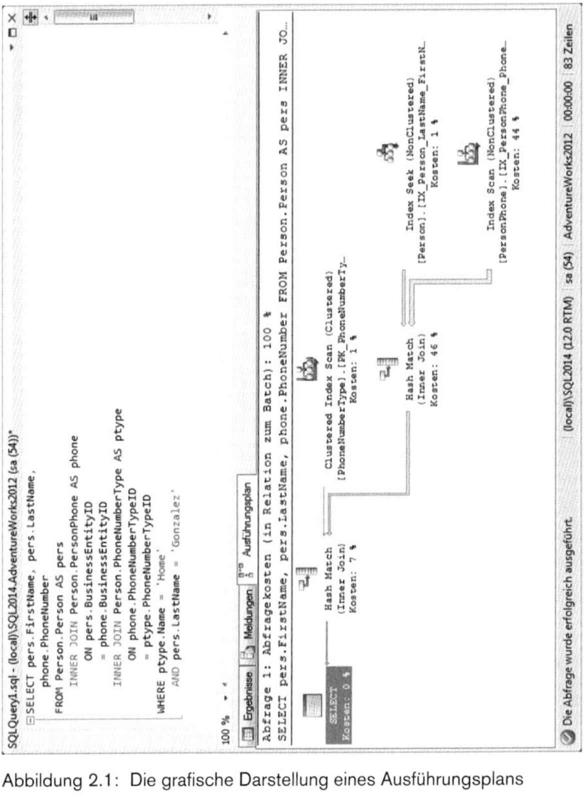

Abbildung 2.1: Die grafische Darstellung eines Ausführungsplans

Verwenden Sie also zur Bewertung einer Abfrage nach Möglichkeit immer den tatsächlichen Ausführungsplan. Bei Abfragen mit extrem langer Laufzeit können Sie notfalls auf den geschätzten Ausführungsplan ausweichen.

Unabhängig davon, ob Sie den geschätzten oder tatsächlichen Ausführungsplan anzeigen lassen, ist aus diesem zu erkennen, in welcher Reihenfolge auf welche Tabellen zugegriffen wird, ob und welche Indizes verwendet werden, wie die verschiedenen Zwischenergebnisse miteinander verknüpft werden und vieles mehr.

Die im grafischen Ausführungsplan dargestellten Symbole stellen einzelne Operationen dar, von denen es eine relativ große Menge gibt. Eine vollständige Auflistung aller möglichen Operationen mit den dazu gehörenden Symbolen finden Sie im Internet unter *http://msdn.microsoft.com/de-de/library/ms175913.aspx*

Etwas gewöhnungsbedürftig ist sicherlich die Reihenfolge, in der die grafischen Ausführungspläne zu lesen sind. Da sie in einer Art Baumstruktur dargestellt werden, stellt die Wurzel des Baums (links oben) das Endergebnis dar, während die ersten Schritte, die ausgeführt werden, ganz rechts in den Blättern der Baumstruktur stehen. Hier sind normalerweise die eigentlichen Tabellen- oder Indexzugriffe zu finden, die auf verschiedene Arten stattfinden können[1]:

- *Table Scan*: sequenzielles Lesen der gesamten Tabelle
- *Clustered Index Scan*: sequenzielles Lesen des gruppierten Index
- *Clustered Index Seek*: gezielter Zugriff auf einzelne Zeilen des gruppierten Index
- *Index Scan*: sequenzielles Lesen des nicht gruppierten Index
- *Index Seek:* gezielter Zugriff auf einzelne Zeilen des nicht gruppierten Index

1 Die verschiedenen Zugriffsarten wurden in Kapitel 1 bereits ausführlich erklärt.

Verfolgt man die Verbindungslinien nun schrittweise in Richtung Wurzel, so lässt sich nachvollziehen, wie die im ersten Schritt gelesenen Daten weiter verarbeitet werden. So folgt beispielsweise nach einem Zugriff auf einen nicht gruppierten Index (per Index Scan oder Index Seek) meist ein *Row Lookup*, mit dem die eigentlichen Zeilendaten aus der Tabelle gelesen werden.

HINWEIS: Damit der Abfrageoptimierer entscheiden kann, ob ein Indexzugriff sinnvoll, oder es doch effektiver ist, direkt über einen Table Scan die gesamte Tabelle zu lesen, sind zwei Informationen entscheidend. Die erste ist die Anzahl der Zeilen in der Tabelle, die zweite die Selektivität des Index. Sowohl bei geringer Zeilenanzahl als auch bei geringer Selektivität des Index (also wenn ohnehin fast alle Zeilen der Tabelle gelesen werden müssen), ist es effektiver, einen Table Scan auszuführen als den Umweg über den Index zu gehen. Damit dies möglich ist, wird die Anzahl der Zeilen in den verschiedenen Tabellen in Statistiken mit protokolliert. Diese müssen allerdings von Zeit zu Zeit aktualisiert werden, da sie sonst irreführende Werte beinhalten, die zu nicht optimalen Ausführungsplänen führen können.

In dem in Abbildung 2.1 dargestellten Beispiel wird der komplette Index *IX_PersonPhone_PhoneNumber*[2] der Tabelle *PersonPhone* gelesen und über einen Index Seek auf den Index *IX_Person_LastName_FirstName_MiddleName* die Namen, deren Nachname *Gonzalez* entspricht. Anschließend werden beide Teilergebnisse über eine Hash-Match-Operation zusammengefügt, um den *INNER JOIN* umzusetzen.

Zeitgleich erfolgt ein Clustered Index Scan der Tabelle *PhoneNumberType*. Da diese mit drei Zeilen sehr klein ist, wird einfach

---

2 Da sich die gesamte Beispielabfrage im *Person*-Schema bewegt, lasse ich in der Beschreibung die Angabe des Schemanamens „Person" zu Gunsten einer besseren Lesbarkeit weg.

die gesamte Tabelle gelesen, dabei aber nur die Zeile herausgefiltert, deren Name-Feld die Zeichenkette *Home* enthält.

Zum Schluss wird auch diese Zeile über einen Hash Match mit dem Zwischenergebnis des unteren Zweigs zusammengeführt.

Interessant ist bei der grafischen Darstellung des Ausführungsplans vor allem die prozentuale Angabe des Aufwands bei jedem Teilschritt, durch die sich leicht erkennen lässt, welche Zugriffe den größten Teil der Last verursachen. Sind diese kritischen Stellen eines Ausführungsplans identifiziert, so kann man überlegen, ob sich die Abfrage umformulieren lässt, um diese Problemstellen zu umgehen.

Bezogen auf das Beispiel kann man schnell sehen, dass der Hauptaufwand durch den Index Scan auf den Index *IX_PersonPhone_PhoneNumber* (44 %) sowie die darauf folgende Hash-Match-Operation (46 %) verursacht wird. Hier könnte man nun ansetzen und beispielsweise versuchen, den Index Scan in einen Index Seek zu wandeln (Näheres dazu folgt in den Kapiteln zur Abfrageoptimierung.)

Doch der grafische Ausführungsplan hält noch weitere interessante Informationen bereit. Wenn Sie mit der Maus über einem Symbol des Ausführungsplans schweben, wird ein kleines Kästchen eingeblendet, in dem Sie weitere Detailinfos zu diesem Schritt des Plans erhalten. Dies sind unter anderem:

- Die Art des Vorgangs
- Die Kosten (insbesondere E/A- und CPU-Kosten)
- Die geschätzte Anzahl und Größe der betroffenen Zeilen
- Welche Felder aus welchen Tabellen gelesen werden
- Nach welchen Bedingungen gefiltert wird

Wie Abbildung 2.2 zeigt, werden beim tatsächlichen Ausführungsplan auch die tatsächlichen Werte für die Anzahl von Zeilen, erneute Bindungen und Zurückspulvorgänge angezeigt, die sich von den geschätzten Werten auch unterscheiden können (was in dem oben gezeigten Beispiel nicht der Fall ist).

Wenn Sie mit dem Mauscursor über einem der Verbindungspfeile schweben, werden ebenfalls Zusatzinformationen angezeigt, die darüber Aufschluss geben, wie viele Zeilen diesen Weg voraussichtlich nehmen.

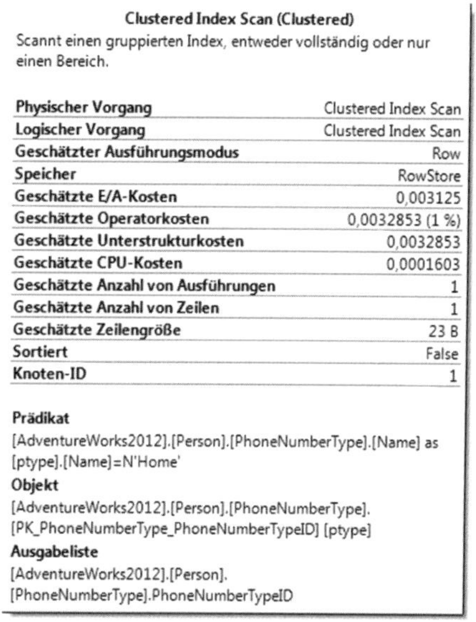
Clustered Index Scan (Clustered)

Scannt einen gruppierten Index, entweder vollständig oder nur einen Bereich.

Physischer Vorgang	Clustered Index Scan
Logischer Vorgang	Clustered Index Scan
Geschätzter Ausführungsmodus	Row
Speicher	RowStore
Geschätzte E/A-Kosten	0,003125
Geschätzte Operatorkosten	0,0032853 (1 %)
Geschätzte Unterstrukturkosten	0,0032853
Geschätzte CPU-Kosten	0,0001603
Geschätzte Anzahl von Ausführungen	1
Geschätzte Anzahl von Zeilen	1
Geschätzte Zeilengröße	23 B
Sortiert	False
Knoten-ID	1

Prädikat

[AdventureWorks2012].[Person].[PhoneNumberType].[Name] as [ptype].[Name]=N'Home'

Objekt

[AdventureWorks2012].[Person].[PhoneNumberType].[PK_PhoneNumberType_PhoneNumberTypeID] [ptype]

Ausgabeliste

[AdventureWorks2012].[Person].[PhoneNumberType].PhoneNumberTypeID

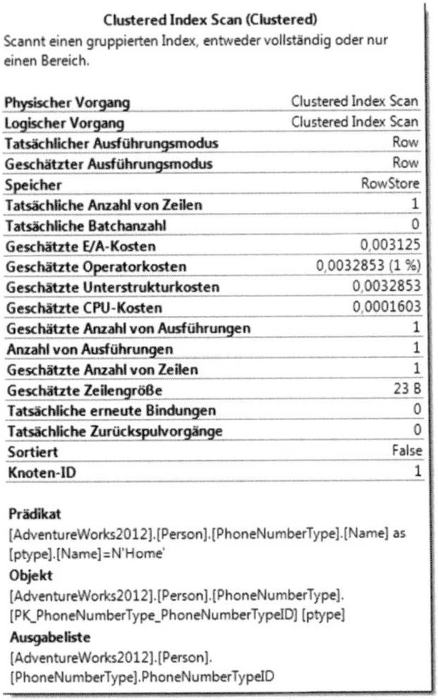

Abbildung 2.2: Details eines Clustered Index Scan bei geschätztem und tatsächlichem Ausführungsplan

Neben der grafischen Anzeige des Ausführungsplans können Sie diesen alternativ auch auf andere Darstellungsweisen anzeigen lassen. Dazu gibt es verschiedene Optionen, die sich mit entsprechenden *SET*-Anweisungen aktivieren lassen.

Über die Anweisung *SET SHOWPLAN_TEXT ON* wird der Ausführungsplan in einer Tabellenform angezeigt, die eine Baumstruktur wiedergibt. Mit der Variante *SET SHOWPLAN_ALL ON* wird diese Darstellung noch um einige Spalten ergänzt, die zusätzliche Informationen anzeigen (entspricht weitgehend den Informationen aus den Detailfenstern des grafischen Ausführungsplans, wie in Abbildung 2.2 zu sehen).

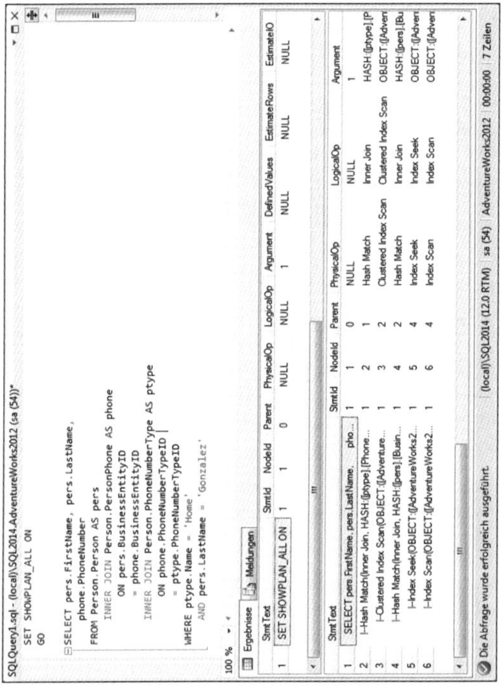

Abbildung 2.3: Die Darstellung des Ausführungsplans nach „SET SHOWPLAN_ALL ON"

SET SHOWPLAN_XML ON schließlich gibt den Ausführungsplan im XML-Format aus. Wenn Sie diese XML-Struktur im SQL Server Management Studio anklicken, wird daraus die bereits bekannte grafische Darstellung erzeugt.

Da die alternative Darstellung des Ausführungsplans an Stelle des eigentlichen Ergebnisses erfolgt, müssen Sie die Option wieder auf *OFF* stellen, wenn die Abfrageergebnisse wieder ausgegeben werden sollen.

PROFITIPP: Die Anzeige des Ausführungsplans im XML-Format kann auch genutzt werden, um zwei komplexe Ausführungspläne miteinander zu vergleichen. Speichern Sie dazu beide Varianten in einer Textdatei ab und nutzen Sie anschließend eines der gängigen Tools zum Vergleichen von Textdateien (z. B. WinDiff, WinMerge etc.), um die Unterschiede ausfindig zu machen.

2.3 Abfragestatistiken

Die Anzeige des tatsächlichen Ausführungsplans bietet vielfältige Informationen zur gerade ausgeführten Abfrage. Wenn es aber nur darum geht, zwei verschiedene Varianten einer Abfrage zu vergleichen, reichen ein paar grundlegende Informationen völlig aus.

Im Normalfall wird auf der Registerkarte MELDUNGEN lediglich die Anzahl der von einer SQL-Anweisung betroffenen Zeilen angezeigt.

Beispiel: *(83 Zeile(n) betroffen)*

In der Statuszeile am rechten unteren Rand des Fensters sind zwar noch einmal die Anzahl der Zeilen und die Ausführungszeit zu sehen, beide Werte beziehen sich jedoch auf die Gesamtheit aller in einem Batch ausgeführten Abfragen. Wenn Sie also beispielsweise zwei *SELECT*-Abfragen auf einmal ausführen, erscheint dort die Summe der Zeilen, die von beiden Abfragen zurückgegeben werden.

Durch Aktivieren der Option *STATISTICS TIME* werden im Meldungsbereich neben der Zeilenanzahl auch die Analyse- und Kompilierzeit sowie die Ausführungszeit (jeweils aufgeteilt nach CPU-Zeit und verstrichener Zeit) pro SQL-Anweisung angezeigt:

Abbildung 2.4: Die Ausgabe der Meldungen nach „SET STATISTICS TIME ON"

Noch aufschlussreicher wird die Ausgabe durch Aktivieren der Option für die I/O-Statistiken über die Anweisung *SET STATISTICS IO ON*.

Hier werden für jede beteiligte Tabelle folgende Informationen ausgegeben:

- *Scananzahl*: Anzahl der Tabellenzugriffe
- *Logische Lesevorgänge*: Anzahl der Datenseiten, die aus dem Cache gelesen wurden
- *Physische Lesevorgänge*: Anzahl der Datenseiten, die von der Festplatte gelesen wurden
- *Read-Ahead-Lesevorgänge*: Anzahl der Datenseiten, die für den Cache von der Festplatte gelesen wurden
- *Logische LOB-Lesevorgänge*: Anzahl der LOB-Datenseiten, die aus dem Cache gelesen wurden
- *Physische LOB-Lesevorgänge*: Anzahl der LOB-Datenseiten, die von der Festplatte gelesen wurden
- *Read-Ahead-LOB-Lesevorgänge*: Anzahl der LOB-Datenseiten, die für den Cache von der Festplatte gelesen wurden

---

HINWEIS: Bei *LOB-Datenseiten* handelt es sich um Speicherseiten, die speziell für die Speicherung von großen Datentypen wie beispielsweise *text*, *image* oder *xml* verwendet werden.

Wenn Sie die Abfrage schon mehrfach ausgeführt haben, wird die Anzahl der physikalischen Lesevorgänge gleich 0 sein, was daran liegt, dass die Daten längst im Hauptspeicher enthalten sind und nur noch über einen logischen Lesevorgang aus diesem gelesen werden müssen.

Da man nicht davon ausgehen kann, dass dies immer der Fall ist, empfiehlt es sich, für eine genauere Analyse der Abfrage vorher den Cache mit der folgenden SQL-Anweisung zu leeren:

```
DBCC DROPCLEANBUFFERS
```

Rufen Sie danach die *SELECT*-Anweisung noch einmal auf, sollten nun auch physische Lesevorgänge darin enthalten sein.

Über den Menüpunkt ABFRAGE | CLIENTSTATISTIKEN EINSCHLIESSEN (oder das entsprechende Symbol in der Symbolleiste) können Sie zusätzlich aktivieren, dass bei jeder Abfrageausführung eine weitere Registerkarte mit verschiedenen Angaben zur Abfrageausführung angezeigt wird. Das Besondere daran ist, dass dabei auch die Statistiken von vorherigen Abfragen angezeigt werden. Somit können Sie relativ einfach verschiedene Varianten einer Abfrage miteinander vergleichen.

Zur Erzeugung der in Abbildung 2.5 gezeigten Clientstatistiken wurden die beiden Anweisungen einzeln ausgeführt, da pro Ausführung eine Statistik erzeugt wird, egal wie viele Anweisungen sie beinhaltet. Somit resultiert Versuch 1 aus der ersten und Versuch 2 aus der zweiten *SELECT*-Abfrage.

2.4 Tabellenstatistiken

Während Abfragestatistiken für den Entwickler interessante Informationen zur Abfrageausführung bereitstellen, erfüllen Tabellenstatistiken einen völlig anderen Zweck. In ihnen werden Informationen über die Anzahl von Zeilen und die Verteilung der verschiedenen Werte von Tabellen gesammelt, die vom Abfrageoptimierer genutzt werden, um einen möglichst guten Ausführungsplan ermitteln zu können.

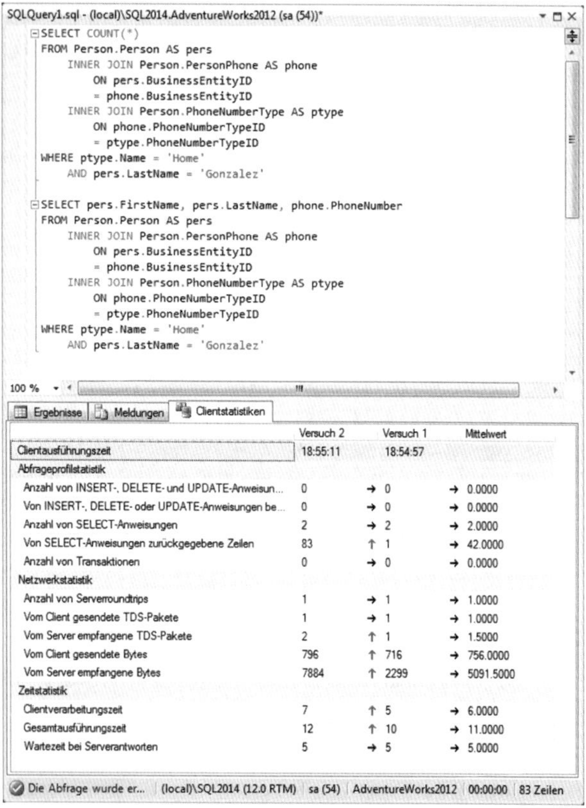

Abbildung 2.5: Die Anzeige der Clientstatistiken

Geht aus einer solchen Statistik beispielsweise hervor, dass eine an einer Abfrage beteiligte Tabelle lediglich über sehr wenige Zeilen verfügt, so wird dies dazu führen, dass für diese Tabelle kein Index verwendet wird, da der direkte Zugriff auf alle Zeilen der Tabelle voraussichtlich schneller ist. Dieses Beispiel zeigt aber auch, dass es fatale Auswirkungen haben kann, wenn die Statistiken veraltet sind. Wurden später sehr viele Zeilen in dieselbe Tabelle eingefügt, ohne dass die Statistik aktualisiert wurde, glaubt der Abfrageoptimierer immer noch, dass ein komplettes Lesen der Tabelle sinnvoll sei und verwendet daher keinen Index. Daher sollten Statistiken regelmäßig gepflegt und aktualisiert werden.

Wie aber werden diese Statistiken überhaupt erstellt?

Sofern die entsprechende Option in den Datenbankeinstellungen nicht deaktiviert wurde, geschieht dies automatisch bei jeder Ausführung einer Abfrage. Da durch die Abfrage ohnehin viele Werte einer Tabelle oder eines Index gelesen werden mussten, werden die daraus gewonnenen Erkenntnisse über Anzahl und Verteilung der Werte in Statistiken festgehalten.

Diese Statistiken sind im Objekt-Explorer bei der jeweiligen Tabelle unter STATISTIK zu finden. Beginnt der Name der Statistik mit *_WA_Sys_*, so weist dies darauf hin, dass die Statistik automatisch durch eine Abfrage generiert wurde. Wenn Sie eine dieser Statistiken mit einem Doppelklick öffnen, sehen Sie in den Statistikeigenschaften, welche Spalten in der Statistik berücksichtigt wurden.

Neben den automatisch generierten Tabellenstatistiken gibt es noch Statistiken, die für jeden Index (sofern er geeignete Spalten verwendet) bei dessen Erstellung generiert werden und auch denselben Namen wie der dazu gehörende Index haben. Hier sind bei den Statistikeigenschaften nicht nur die verwendeten Spalten zu sehen, sondern auf der Seite DETAILS auch genauere Informationen über den Inhalt der Statistik.

HINWEIS: Die automatische Erstellung von Statistiken zu einem Index lässt sich im Dialog zum Erstellen eines Index auf der Seite OPTIONEN auch deaktivieren, indem Sie das voreingestellte Häkchen bei der Option *Statistiken automatisch neu berechnen* entfernen.

Dieselben Informationen, die bei den Details der Statistik zu sehen sind, kann man sich auch mit der folgenden SQL-Anweisung anzeigen lassen:

```
DBCC SHOW_STATISTICS(‚Person.Person‘, PK_Person_
                                       BusinessEntityID)
```

Als Parameter werden dabei der Name der Tabelle und der Name der Statistik übergeben. Genau genommen werden dabei drei Ergebnisse zurückgegeben, die auch in Abbildung 2.6 zu sehen sind (oder alle zu sehen wären, wenn man bei der Ansicht der Indexstatistiken weiter nach rechts scrollt).

Die ersten beiden zeigen allgemeine Informationen zur Statistik. Die wichtigsten davon sind die folgenden:

- *Name*: Bezeichnung der Statistik.
- *Updated*: Datum der letzten Aktualisierung. Dieses sollte nicht allzu lange zurückliegen. Spätestens dann, wenn dies mehr als einen Monat her ist, sollten Sie die Statistik aktualisieren.
- *Rows*: Anzahl Zeilen der betroffenen Tabelle

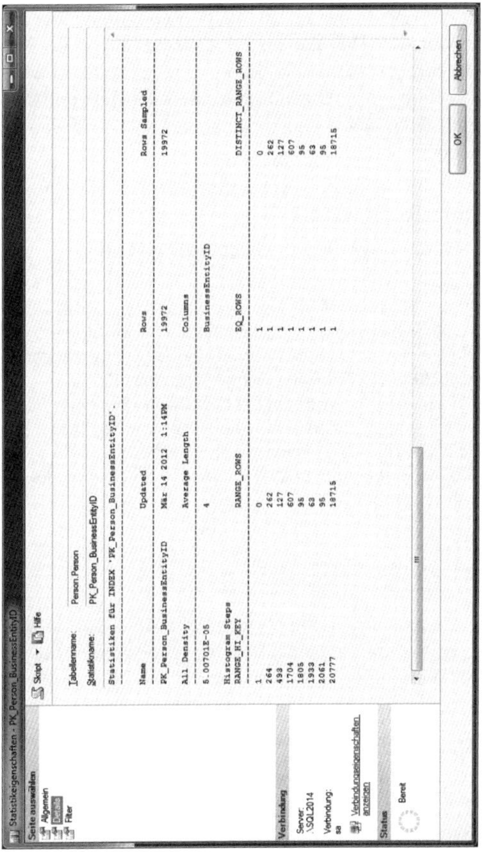

Abbildung 2.6: Die Details einer aus einem Index resultierenden Statistik

- *Rows Sampled*: Anzahl der Zeilen, die gelesen wurden, um die Statistik aufzubauen. Das können alle Zeilen sein (was der Fall ist, wenn die Statistik beim Erstellen eines Index angelegt wurde), oder auch nur ein Teil davon, was einerseits Platz und Zeit beim Aktualisieren spart, andererseits aber auch ungenauere Ergebnisse liefern kann.
- *Steps*: Anzahl der Gruppen von Datensätzen (maximal 200), die gemeinsam analysiert wurden
- *Columns*: Spalte(n), auf die sich die Statistik bezieht

PROFITIPP: Wenn Sie feststellen, dass zwei Statistiken zur selben Spalte existieren (beispielsweise eine, die aufgrund einer Abfrage und eine, die aufgrund eines Index erstellt wurde), können Sie die mit der geringeren Anzahl für den Wert *Rows Sampled* löschen. Dadurch wird der Aufwand für das Aktualisieren der Statistiken verringert und die andere Statistik enthält ohnehin dieselben (bzw. eventuell sogar genauere) Informationen. Das Löschen der überflüssigen Statistik geht entweder im Objekt-Explorer über das Kontextmenü oder mit der folgenden SQL-Anweisung:

```
DROP STATISTICS
Tabellenname.Statistikname
```

In der dritten Ergebnisliste schließlich sind die Analysen für jede der Gruppen zu finden, die gemeinsam ein Histogramm für die Verteilung der Werte bilden. Hier sind vor allem folgende Werte interessant:

- *RANGE_HI_KEY*: Höchster Schlüsselwert für diesen Bereich
- *RANGE_ROWS*: Anzahl der Zeilen, die in den Bereich zwischen diesem und dem vorherigen Schlüsselwert fallen (ohne den Schlüsselwert selbst)

- *EQ_ROWS*: Anzahl der Zeilen, die genau den höchsten Schlüsselwert haben
- *DISTINCT_RANGE_ROWS*: Anzahl der unterschiedlichen Werte in diesem Bereich, die einen anderen als Wert als den Schlüsselwert haben
- *AVG_RANGE_ROWS*: durchschnittliche Zeilenanzahl pro Wert in diesem Bereich

Bei Bedarf können Sie sogar Statistiken mit folgender Anweisung explizit erstellen:

```
CREATE STATISTICS Statistikname ON Tabelle (Feldnamen)
```

In den meisten Fällen sollten jedoch die automatisch erstellten Statistiken völlig ausreichen, sodass man sich eher darauf konzentrieren kann, diese auch aktuell zu halten.

2.5 Wiederverwendung von Ausführungsplänen

Der Nutzen von Ausführungsplänen wurde bereits weiter oben in diesem Kapitel behandelt. Die Erstellung eines Ausführungsplans kann jedoch – gerade bei komplexeren Abfragen – sehr prozessorintensiv sein. Damit nicht bei jeder Abfrage zwingend ein neuer Ausführungsplan erstellt werden muss, gibt es den so genannten Plan-Cache, in dem Ausführungspläne zur Wiederverwendung zwischengespeichert werden.

Genau genommen gibt es zwei Plan-Caches sowie zwei weitere Arten von Prozedur-Caches, die verschiedene Zwecke erfüllen:

- *CACHESTORE_OBJCP* speichert „Object Plans" für gespeicherte Prozeduren, Funktionen und Trigger

- *CACHESTORE_SQLCP* speichert SQL-Pläne für Ad-Hoc-Abfragen
- *CACHESTORE_PHDR* speichert die von Parser und Algebrizer erzeugten Ausführungsbäume, die für Views, Constraints und Defaults verwendet werden, da für diese keine fertigen Ausführungspläne gepuffert werden
- *CACHESTORE_XPROC* wird für Extended Stored Procedures (kurz: Xprocs) verwendet

Für die Wiederverwendung von Ausführungsplänen sind vor allem die ersten beiden Caches interessant. Um schnell und effektiv prüfen zu können, ob für eine Abfrage bereits ein Ausführungsplan existiert, wird zu jedem Plan ein Hash-Wert gespeichert, der auf Basis der Abfrage (inklusive Kommentaren und Leerzeichen) erzeugt wird.

Für jede auszuführende Abfrage wird nach demselben Verfahren ein Hash-Wert gebildet und anschließend geprüft, ob bereits ein Ausführungsplan für eine Abfrage mit demselben Hash-Wert existiert. Ist das der Fall, kann der existierende Ausführungsplan verwendet werden, ansonsten wird ein neuer Plan erstellt.

Welche Pläne im Plan-Cache enthalten sind, lässt sich leicht mithilfe einer dynamischen Managementsicht herausfinden:

```
SELECT * FROM sys.dm_exec_cached_plans
```

Das Ergebnis der Abfrage ist jedoch recht kryptisch. Wenn man aber den darin enthaltenen *plan_handle* mit anderen Systemtabellen und -sichten verknüpft, kommt man damit an deutlich aussagekräftigere Informationen zu den gespeicherten Ausführungsplänen:

```
SELECT st.[text] AS Abfrage,
    cp.cacheobjtype, cp.objtype,
    qs.execution_count, qs.query_plan_hash,
    qp.query_plan
FROM sys.dm_exec_query_stats AS qs
    INNER JOIN sys.dm_exec_cached_plans AS cp ON qs.
                                    plan_handle=cp.plan_handle
    CROSS APPLY
        sys.dm_exec_sql_text(qs.[sql_handle])
        AS st
    CROSS APPLY
        sys.dm_exec_query_plan(qs.plan_handle)
        AS qp
ORDER BY qs.last_execution_time DESC
```

Dabei enthält die erste Spalte die eigentliche SQL-Abfrage, gefolgt von Cache- und Abfragetyp, der Ausführungshäufigkeit und dem bereits erwähnten Hash-Wert, der verwendet wird, um gleiche Abfragen wiederzuerkennen. Die letzte Spalte schließlich enthält den eigentlichen Ausführungsplan im XML-Format. Durch Anklicken eines Feldes darin wird der Ausführungsplan in grafischer Form angezeigt.

HINWEIS: Die verwendeten Systemtabellen und -sichten enthalten noch eine ganze Reihe weiterer interessanter Informationen, auf die ich hier aus Platzgründen jedoch nicht detailliert eingehen will. Durch Verwendung von *SELECT* * können Sie aber schnell prüfen, welche der anderen Felder sonst noch interessant für Sie sein könnten.

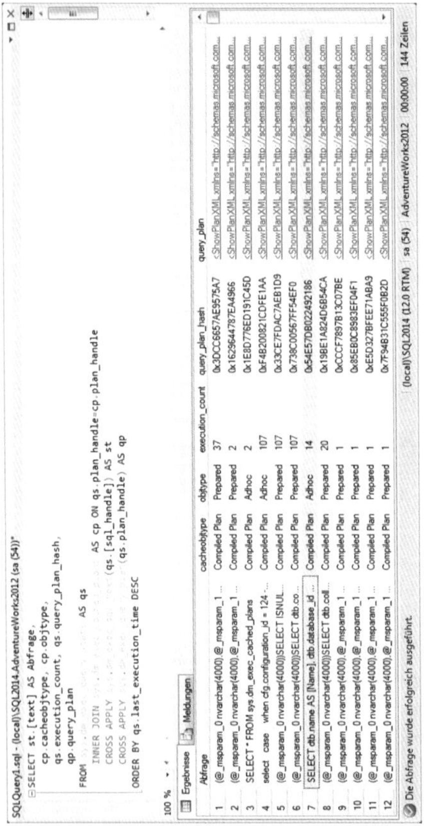

Abbildung 2.7: Durch DMVs ermittelte Informationen zu gespeicherten Ausführungsplänen

In den meisten Fällen wird die Liste der gespeicherten Ausführungspläne relativ lang sein. Daher wurde einerseits eine Sortierung verwendet, mit der die zuletzt verwendeten Ausführungspläne zuerst angezeigt werden. Noch übersichtlicher wird es, wenn man zuvor mit der folgenden Anweisung auf einen Schlag den kompletten Plan-Cache leert:

```
DBCC FREEPROCCACHE
```

Manchmal kann es auch sinnvoll sein, trotz vorhandenem Ausführungsplan diesen nicht zu verwenden, sondern explizit einen neuen zu erstellen. Das ist beispielsweise dann der Fall, wenn sich die Mengengerüste der beteiligten Tabellen massiv geändert haben.

Das Erstellen eines neuen Ausführungsplans kann durch Verwendung der Abfrageoption *RECOMPILE* erreicht werden. Der so erstellte neue Plan wird jedoch nur einmal verwendet und nicht gespeichert. Bei der nächsten Ausführung derselben Abfrage wird daher wieder der zuletzt gespeicherte Plan verwendet.

Beispiel:

```
SELECT pers.FirstName, pers.LastName
FROM Person.Person AS pers
WHERE pers.LastName = 'Gonzalez'
OPTION (RECOMPILE)
```

2.6 Parametrisierung von Abfragen

Um die Chance für die Wiederverwendung eines Ausführungsplans zu erhöhen, wäre es natürlich am einfachsten, für vergleichbare Abfragen immer dieselbe Schreibweise zu verwenden, damit daraus auch stets derselbe Hash-Wert resultiert. Dies ist jedoch in der Praxis kaum umsetzbar. Insbesondere dadurch, dass eine Abfrage oft mit verschiedenen Werten aufgerufen wird, ist derselbe Hash-Wert nicht mehr gegeben.

So werden für die folgenden zwei Abfragen auch zwei separate (wenn auch inhaltlich identische) Ausführungspläne erstellt:

```
SELECT TOP 10 * FROM Person.Person
WHERE LastName = ‚Gonzalez‘
SELECT TOP 10 * FROM Person.Person
WHERE LastName = ‚Miller‘
```

Es ist offensichtlich, dass das Neuerstellen des Ausführungsplans für die zweite Abfrage einen unnötigen Aufwand darstellt, da eigentlich der Ausführungsplan der ersten Abfrage wiederverwendet werden könnte.

Um diese unnötige und prozessorintensive Operation einzusparen, gibt es verschiedene Ansätze:

- Auto-Parametrisierung verwenden
- Abfragen explizit parametrisieren
- Gespeicherte Prozeduren nutzen

Alle drei Varianten basieren auf der Grundidee, den Wert, der in den Abfragebeispielen oben noch als Konstante angegeben wurde, durch Parameter zu ersetzen. Dadurch kann ein Ausführungsplan erstellt werden, der unabhängig von den jeweils verwendeten Parameterwerten immer wieder genutzt werden kann.

HINWEIS: Die Parametrisierung von Abfragen ist sowohl für den Zugriff über SQL als auch für den Zugriff über Datenbank-APIs wie beispielsweise ADO.NET ein wichtiges Thema. Daher wird dieses auch in Kapitel 4.7 noch einmal explizit aufgegriffen.

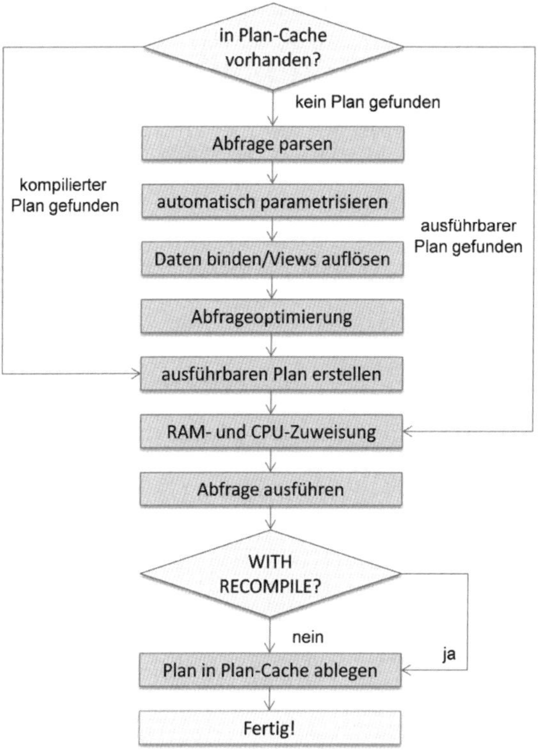

Abbildung 2.8: Verarbeitung von Abfragen und Ausführungsplänen

Automatische Parametrisierung

Die einfachste Variante ist die Nutzung der Auto-Parametrisierung. Dies bedeutet, dass für einfache Abfragen, die einen konstanten Wert (z. B. für einen Vergleich in einer *WHERE*-Klausel) verwenden, nicht ein Ausführungsplan für genau diesen einen Wert erstellt, sondern stattdessen der konstante Wert automatisch durch einen Parameter ersetzt wird, damit der Plan auch für andere Werte genutzt werden kann.

Leider gibt es einige Voraussetzungen, damit die automatische Parametrisierung einwandfrei funktioniert. So darf beispielsweise weder *DISTINCT*, *TOP*, *IN* noch *UNION SELECT* verwendet werden. Die größte Einschränkung ist aber, dass die Abfrage nur auf einer Tabelle basieren darf.

Sind die genannten Voraussetzungen aber erfüllt, nimmt SQL Server die Parametrisierung automatisch vor. Um dies nachzuprüfen, lassen Sie sich zu der folgenden Abfrage den Ausführungsplan anzeigen:

```
SELECT *
FROM Person.Person
WHERE LastName = 'Gonzalez'
```

Wenn Sie den voraussichtlichen Ausführungsplan anzeigen lassen, ist nichts zu erkennen. Aktivieren Sie stattdessen die Anzeige des tatsächlichen Ausführungsplans und führen die Abfrage anschließend aus, so ist zu sehen, dass der als konstante Wert übergebene Nachname durch einen Parameter *(@1)* ersetzt wurde, wodurch der Ausführungsplan auch für weitere Aufrufe mit anderen Nachnamen wiederverwendbar wird.

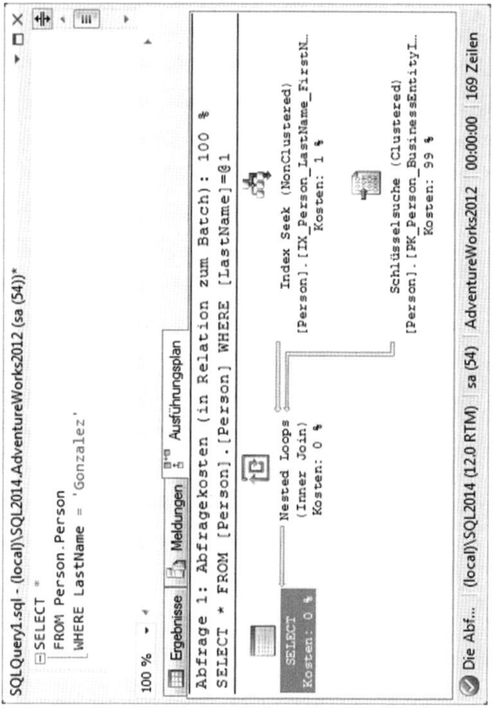

Abbildung 2.9: Am Ausführungsplan ist zu erkennen, dass die Abfrage parametrisiert wurde

Bei dem Beispiel weiter oben funktioniert dies nicht, da dort die Verwendung des Zusatzes *TOP 10* die automatische Parametrisierung verhindert. Es gibt allerdings eine Datenbankeinstellung, mit der sich das Parametrisieren von Abfragen erzwingen lässt. Diese Einstellung heißt PARAMETRISIERUNG und ist in den Datenbankeigenschaften unter OPTIONEN zu finden. Gültige Werte für diese Einstellung sind *Einfach* und *Erzwungen*. In der Standardeinstellung gelten die weiter oben genannten Restriktionen. Stellen Sie die Option jedoch auf *Erzwungen* um, so versucht der SQL Server zu parametrisieren, was nur irgendwie zu parametrisieren ist.

Wenn Sie nun die folgende Abfrage ausführen, werden Sie feststellen, dass nun auch diese parametrisiert wird:

```
SELECT TOP 10 *
FROM Person.Person
WHERE LastName = 'Gonzalez'
```

Diese Möglichkeit sollte Sie jedoch nicht dazu veranlassen, immer und überall nur die erzwungene Parametrisierung zu nutzen (die Standardeinstellung ist nicht umsonst *Einfach*). Denn gerade bei komplexeren Abfragen kann es oft sinnvoll sein, für andere Parameterwerte auch einen anderen Ausführungsplan zu erstellen.

Alternativ zur Änderung über die Datenbankeigenschaften können Sie die Einstellung des Parametrisierungsmodus auch per SQL-Anweisung umstellen:

```
ALTER DATABASE [AdventureWorks2012]
SET PARAMETERIZATION SIMPLE|FORCED
WITH NO_WAIT
```

Das ermöglicht es, in einem Skript die erzwungene Parametrisierung für einzelne Anweisungen zu aktivieren und nach deren Ausführung wieder auf die standardmäßige einfache Parametrisierung umzuschalten:

```
-- Umstellen auf erzwungene Parametrisierung
ALTER DATABASE [AdventureWorks2012]
SET PARAMETERIZATION FORCED WITH NO_WAIT
GO

-- Abfrage mit erzwungener Parametrisierung ausführen
SELECT TOP 10 *
FROM Person.Person
WHERE LastName = 'Gonzalez'

-- Zurückstellen auf einfache Parametrisierung
ALTER DATABASE [AdventureWorks2012]
SET PARAMETERIZATION SIMPLE WITH NO_WAIT
GO
```

Listing 2.1: Ausführung einer Abfrage mit erzwungener Parametrisierung

Explizite Parametrisierung

Besser steuern lässt sich die Parametrisierung von Abfragen, wenn Sie diese explizit erzwingen. Dazu wird die Abfrage quasi als dynamische SQL-Anweisung erstellt und anschließend über die *EXEC*-Anweisung aufgerufen. Dabei können Parameter übergeben werden, die vorher in Variablen vorbereitet wurden:

```
DECLARE @LastName NVARCHAR(50)
SET @LastName = 'Gonzalez'

EXEC ('SELECT * FROM Person.Person WHERE LastName =
                                   ''' + @LastName + '''')
```

Listing 2.2: Explizite Parametrisierung durch Variablennutzung

Interessant ist auch hier der Unterschied zwischen geplantem und tatsächlichem Ausführungsplan. Bereits der geplante Ausführungsplan lässt erahnen, dass hier eine Parametrisierung stattfindet, da die *Execute*-Anweisung hier als einzelne Anweisung auftaucht, die neben der konstanten Zeichenkette mit der *SELECT*-Anweisung auch eine Variable übergeben bekommt. Aber erst der tatsächliche Ausführungsplan stellt den Plan dar, der für die Ausführung der *SELECT*-Abfrage verwendet wird.

Im Gegensatz zur automatischen Parametrisierung lässt sich hier ganz genau steuern, welche Werte als Parameter und welche als konstante Werte übergeben werden. Daher eignet sich diese Variante besonders gut für Ad-Hoc-Abfragen, da es keine Rolle spielt, ob die Abfrage eventuell mehrfach benötigt wird oder nicht.

Parametrisierung durch gespeicherte Prozeduren

Die dritte und sicherlich flexibelste Möglichkeit zur Parametrisierung bietet die Verwendung von gespeicherten Prozeduren. Ähnlich wie bei der expliziten Parametrisierung haben Sie auch hier einen genauen Einfluss darauf, welche Werte als Konstanten und welche als Parameter im Ausführungsplan verwendet werden.

Um beim selben Beispiel zu bleiben, kann man folgende gespeicherte Prozedur erstellen:

```
CREATE PROCEDURE Person.uspShowPersonsByLastName
    @LastName NVARCHAR(50)
AS
BEGIN
    SELECT *
    FROM Person.Person
    WHERE LastName = @LastName
END
GO
```

Listing 2.3: Parametrisierung durch gespeicherte Prozeduren

Hierbei wird noch deutlicher, welche Werte im Plan als Parameter verwendet werden, da dies auch genau den Parametern der gespeicherten Prozedur entspricht. Der Aufruf erfolgt wiederum über die *EXEC*-Anweisung:

```
exec Person.uspShowPersonsByLastName
    'Gonzalez'
exec Person.uspShowPersonsByLastName 'Miller'
```

Wenn Sie die Anzeige des tatsächlichen Ausführungsplans aktiviert haben, ist schnell zu sehen, dass für beide Aufrufe derselbe Plan verwendet wird.

Da die gespeicherte Prozedur natürlich dauerhaft erhalten bleibt, ist diese Variante nur sinnvoll, wenn die in der gespeicherten Prozedur enthaltene Abfrage auch wirklich mehrfach benötigt wird.

Der Abfrageplan, der für die gespeicherte Prozedur erstellt wird, wird für die Parameterwerte optimiert, die beim ersten Aufruf übergeben werden. Sollte es sich dabei nicht um repräsentative Werte handeln, kann es sein, dass ein Plan erstellt wird, der für diese Werte zwar sinnvoll, für typische Werte aber nicht optimal ist. Auch Änderungen der Parameterwerte innerhalb der gespeicherten Prozedur werden hierbei leider nicht berücksichtigt. Diesem Problem kann man aber begegnen, indem man die Abfrage mithilfe des Abfragehinweises *OPTIMIZE FOR* für bestimmte Parameterwerte optimieren lässt. Weitere Informationen dazu finden Sie in Kapitel 4.6.

KAPITEL 3

Sperren und Transaktionen

3.1 Locking und Blocking

Jeder Zugriff auf ein Datenbankobjekt erzeugt eine Sperre, damit dieses Objekt nicht zeitgleich von einer anderen Datenbankverbindung geändert werden kann und somit Änderungen verloren gehen.

Im einfachsten Fall werden die Daten auf Zeilenebene gesperrt, um andere Prozesse möglichst wenig zu behindern. Je nach Art und Umfang der Datenänderung kann es aber auch erforderlich oder zumindest sinnvoll sein, ganze Speicherseiten, Tabellen oder gar Datenbanken zu sperren.

Da das Sperren von DB-Objekten einen gewissen Verwaltungsoverhead pro Objekt mit sich bringt, wird ab einem gewissen Schwellwert automatisch das nächstgrößere Objekt gesperrt. Dadurch wird insbesondere verhindert, dass die Verwaltung der Sperren aufwändiger wird als die eigentliche Datenbankoperation selbst. Wenn also beispielsweise zu viele Zeilen auf einer Speicherseite gesperrt sind, werden die vielen Zeilensperren automatisch durch eine einzelne Seitensperre ersetzt. Sind zu viele Speicherseiten einer Tabelle gesperrt, werden die Seitensperren durch eine Tabellensperre ersetzt. Dieser Vorgang wird auch als Lock Escalation bezeichnet.

Will man nun auf ein von einer anderen Verbindung gesperrtes Objekt zugreifen, so muss man warten, bis der bestehende Zugriff beendet ist und das Objekt damit wieder freigegeben wird.

Es gibt verschiedene Arten von Sperren, die je nach verwendeter Datenbankoperation gesetzt werden. Die drei wichtigsten möchte ich kurz vorstellen. Beim lesenden Zugriff wird ein so genannter Shared Lock gesetzt. Das kann für ein und dieselbe Datenzeile mehrfach geschehen, da es kein Problem darstellt, wenn verschiedene Prozesse dieselben Daten nahezu zeitgleich lesen (daher auch die Bezeichnung Shared Lock). Der Shared Lock verhindert lediglich das Durchführen einer Datenänderung, während die Daten gelesen werden. Soll eine Änderung durchgeführt werden, so wird ein Update Lock gesetzt, der lediglich die Absicht dokumentiert, die so gesperrten Datenzeilen zu ändern. Ein Update Lock kann gleichzeitig mit einem oder mehreren Shared Locks vorliegen. Sobald die Shared Locks wieder freigegeben sind, wird der Update Lock zu einem Exclusive Lock gewandelt. Der Prozess hat also die exklusiven Zugriffsrechte auf die betreffenden Daten und kann die Änderung durchführen. Währenddessen ist kein anderer (auch nicht lesender) Zugriff auf dieselben Daten möglich. Andere Prozesse, die auf die Daten zugreifen wollen, werden so lange blockiert, bis die Änderung durchgeführt und die exklusive Sperre wieder freigegeben wurde.

Um Sperren und insbesondere Blockierungen aufzuspüren, bietet SQL Server verschiedene Möglichkeiten. Die einfachste Variante ist der Aktivitätsmonitor, der seit SQL Server 2008 durch einen Rechtsklick auf den Server oder über die Symbolleiste aufrufbar ist. Der Aktivitätsmonitor stellt seine Ergebnisse in verschiedenen Bereichen dar, die einzeln auf- und zugeklappt werden können. Die Informationen zu Sperren und Blockierungen finden Sie in dem Bereich PROZESSE. Hier sind alle Prozesse aufgelistet, die gerade auf dem SQL Server laufen. Ist ein Prozess (hier auch als „Sitzung" bezeichnet) von einem anderen blockiert, so finden Sie in der Spalte *Blockiert von* die Sitzungs-ID des blockierenden Prozesses. Mit einem Rechtsklick auf den blockierenden Prozess können Sie die Details des Prozesses anzeigen (insbesondere die letzte von diesem SQL-Prozess ausgeführte SQL-Anweisung) und diesen bei Bedarf sogar direkt abbrechen, damit der blockierte Prozess weiterarbeiten kann.

Bei SQL Server 2005 war die entsprechende Ansicht sogar noch etwas detaillierter, zumal es hier separate Ansichten gab, in denen man sich die Sperren entweder nach Objekt oder nach Prozess anzeigen lassen konnte.

Am schnellsten – und vor allem unabhängig von der verwendeten SQL-Server-Version – bekommt man die Auskunft über die blockierenden und blockierten Prozesse aber über SQL-Abfragen auf Systemtabellen und dynamische Managementsichten.

```
SELECT ses.session_id, ses.login_name, ses.[status],
    ses.[program_name], ses.[host_name],
    wait.blocking_session_id
FROM sys.dm_exec_sessions AS ses
    LEFT JOIN sys.dm_os_waiting_tasks AS wait
        ON ses.session_id=wait.session_id
WHERE ses.is_user_process=1
```

Die Ausgabe entspricht ungefähr der Ansicht, die Sie im Aktivitätsmonitor von SQL Server (ab der 2008er Version) erhalten. Wenn Sie den *LEFT JOIN* gegen einen *INNER JOIN* austauschen, werden nur die Prozesse aufgelistet, die von einem anderen Prozess blockiert sind.

Auch die aktiven Sperren lassen sich mithilfe einer Abfrage einfach anzeigen:

```
SELECT lock.resource_type, lock.resource_database_id,
                                    db.name AS database_name,
    lock.request_mode, lock.request_type,
    lock.request_status,
    lock.request_session_id
FROM sys.dm_tran_locks AS lock
    INNER JOIN sys.databases AS db
        ON lock.resource_database_id
            =db.database_id
```

Dabei ist in der Spalte *request_mode* zu erkennen, um was für eine Art von Sperre es sich handelt. *S* entspricht beispielsweise dem weiter oben erwähnten Shared Lock.

3.2 Transaktionen

Transaktionen sind Einheiten von Anweisungen, die entweder ganz oder gar nicht ausgeführt werden. Dabei erheben Transaktionen den Anspruch, dem ACID-Prinzip gerecht zu werden:

- A – Atomar: Die Transaktion wird ganz oder gar nicht ausgeführt
- C – Consistent: Die Datenintegrität wird gewährleistet, die Daten sind also stets konsistent
- I – Isolated: Gleichzeitig laufende Transaktionen dürfen sich nicht gegenseitig beeinflussen
- D – Durable: Änderungen aus einer erfolgreich abgeschlossenen Transaktion sind dauerhaft

Implizite und explizite Transaktionen

Implizit ist jede SQL-Anweisung, die den Server erreicht, eine Transaktion für sich. Wenn also beispielsweise mit einer *UP-*

DATE-Anweisung mehrere Zeilen einer Tabelle geändert werden sollen, aber bereits nach den ersten Zeilen ein Fehler auftritt, wird damit der gesamte *UPDATE* rückgängig gemacht.

Explizit lassen sich aber auch mehrere Anweisungen zu einer Transaktion zusammenfassen, was insbesondere verwendet wird, um die Konsistenz der Daten zu gewährleisten. Dazu wird die Transaktion mit der Anweisung *BEGIN TRANSACTION* gestartet und später entweder mit *COMMIT TRANSACTION* bestätigt oder mit *ROLLBACK TRANSACTION* zurückgerollt, wobei alle Datenänderungen, die innerhalb der Transaktion vorgenommen wurden, wieder rückgängig gemacht werden.

Das klassische Beispiel hierzu ist eine Banküberweisung. Ein Geldbetrag wird von einem Konto abgebucht und anschließend auf einem anderen Konto gutgeschrieben. Bei einem Systemausfall direkt nach dem Abbuchen wäre der Geldbetrag verloren, da dieser ja bereits abgebucht, aber noch nirgendwo gutgeschrieben werden konnte. Mit einer Transaktion um den gesamten Vorgang wird der Betrag erst dann endgültig vom einen Konto abgebucht, wenn er auf dem Zielkonto gutgeschrieben werden konnte. Ist dies nicht möglich (z. B. durch einen Systemausfall), so ist der Geldbetrag nach wie vor auf dem ursprünglichen Konto vorhanden.

Damit das funktioniert, werden die Daten innerhalb der Transaktion gesperrt und erst dann wieder freigegeben, wenn die Transaktion erfolgreich abgeschlossen (*COMMIT*) oder komplett rückgängig gemacht wurde (*ROLLBACK*).

HINWEIS: Da Tabellenvariablen per Definition keine persistenten Objekte sind, bleiben sie auch nach einem *ROLLBACK* erhalten.

Geschachtelte Transaktionen

Transaktionen lassen sich auch ineinander schachteln. Dabei ist das Verhalten für *COMMIT* und *ROLLBACK* aber nicht ganz selbsterklärend:

- Wenn die innere und die äußere Transaktion committet werden, werden die Datenänderungen dauerhaft gespeichert
- Wenn die innere Transaktion committet und die äußere Transaktion zurückgerollt wird, werden die Datenänderungen aus der inneren Transaktion ebenfalls zurückgerollt
- Wenn die innere Transaktion zurückgerollt wird, werden die Datenänderungen aus der äußeren Transaktion ebenfalls automatisch rückgängig gemacht

Ein ROLLBACK – egal ob in der inneren oder äußeren Transaktion – macht also alle noch offenen Transaktionen rückgängig. Daraus ergibt sich auch, dass keine autonomen Transaktionen von SQL Server unterstützt werden. Es ist also nicht möglich, die Datenänderungen einer inneren Transaktion wirklich persistent zu machen, während eine äußere Transaktion noch geöffnet ist.

Mithilfe der Systemvariablen *@@TRANCOUNT* lässt sich leicht ermitteln, wie viele Transaktionsebenen gerade geöffnet sind. Probieren Sie einmal das folgende SQL-Skript aus, das die Funktionsweise von geschachtelten Transaktionen verdeutlicht:

```
PRINT 'Keine Transaktion geöffnet: ' + CONVERT(CHAR(3),
                                             @@TRANCOUNT)

BEGIN TRANSACTION
PRINT 'Eine Transaktion geöffnet: ' + CONVERT(CHAR(3),
                                             @@TRANCOUNT)

BEGIN TRANSACTION
BEGIN TRANSACTION
```

```
PRINT 'Zweite und dritte Transaktion geöffnet: ' +
                              CONVERT(CHAR(3), @@TRANCOUNT)

COMMIT TRANSACTION
PRINT 'Eine Transaktion bestätigt: ' + CONVERT(CHAR(3),
                                                @@TRANCOUNT)

ROLLBACK TRANSACTION
PRINT 'Transaktion zurückgerollt: ' + CONVERT(CHAR(3),
                                                @@TRANCOUNT)
```

Listing 3.1: Skript zum Testen von geschachtelten Transaktionen

An den Meldungen, die das Skript ausgibt, ist zu erkennen, dass die *ROLLBACK*-Anweisung tatsächlich beide noch offenen Transaktionen gleichzeitig rückgängig macht[1]:

Keine Transaktion geöffnet: 0

Eine Transaktion geöffnet: 1

Zweite und dritte Transaktion geöffnet: 3

Eine Transaktion bestätigt: 2

Transaktion zurückgerollt: 0

Verteilte Transaktionen

Sofern eine Transaktion sich auf mehr als eine Datenbank erstreckt, handelt es sich um eine verteilte Transaktion. Dabei werden lokale Transaktionen automatisch in verteilte Transaktionen gewandelt, sobald darin eine weitere Datenbank angesprochen wird. Um die Datenintegrität bei einer verteilten Transaktion zu gewährleisten, wird ein so genannter Two-Phase Commit ge-

1 Die *CONVERT*-Funktion ist hier nur nötig, damit der Inhalt der *@@TRANCOUNT*-Systemvariable an die Zeichenkette davor angehängt werden kann.

nutzt. Dabei handelt es sich um ein zweistufiges Verfahren, in dessen erstem Schritt die Datenänderungen auf allen beteiligten Datenbanken vorbereitet und quasi vorläufig ausgeführt werden. Erst dann, wenn dies geschehen ist, werden die Änderungen in der zweiten Phase endgültig bestätigt.

Über die dynamische Managementsicht *sys.dm_tran_session_transactions* kann man sich alle offenen Transaktionen auflisten und dort anhand der Spalte *is_local* erkennen, ob es sich um eine lokale oder eine verteilte Transaktion handelt:

```
SELECT * FROM sys.dm_tran_session_transactions
```

Transaktionen können auf verschiedenen Ebenen definiert werden. Dies kann einerseits in SQL-Skripts (und damit auch gespeicherten Prozeduren etc.) geschehen, aber auch direkt in einer .NET-Anwendung. Daher wird auf diese Thematik in den beiden folgenden Kapiteln noch einmal detailliert eingegangen.

Auswirkungen von Transaktionen auf die Performance

Da Transaktionen sowohl Sperren verursachen als auch Speicher belegen, haben die Anzahl und Größe von Transaktionen direkte Auswirkung auf die Performance eines SQL Servers.

Je höher der Grad der Isolation, der durch Transaktionen erzeugt wird, desto mehr Sperren werden erzeugt. Das hat zur Folge, dass weniger Datenbankzugriffe effektiv parallel laufen können, da diese darauf warten, auf von anderen Transaktionen gesperrte Daten zugreifen zu können. Dazu kommt die Tatsache, dass jeder *COMMIT* in Form von synchronen Schreibzugriffen ausgeführt wird, damit sichergestellt ist, dass die Daten wirklich dauerhaft geschrieben wurden. Das kann allerdings – je nach Umfang der auszuführenden Schreiboperationen – eine spürbare Pause vor der weiteren Ausführung der Anwendung zur Folge haben.

Dieser Effekt lässt sich deutlich verringern, indem man die Transaktionen möglichst kurz hält.

Auf der anderen Seite erzeugt jede Transaktion auch einen gewissen Verwaltungs-Overhead, sodass es – wenn man ausschließen kann, dass sich parallel laufende Transaktionen gegenseitig behindern – wiederum effektiver ist, viele kleine Datenänderungsoperationen in einer großen Transaktion zusammenzufassen.

Hier gilt es also – wie so oft – den goldenen Mittelweg zu finden und die Transaktionen so zu dimensionieren, dass der Verwaltungsoverhead minimiert wird, die Transaktionen aber klein genug sind, um sich nicht gegenseitig unnötig durch Sperren zu behindern. Letzteres kann man durch den bewussten Einsatz von Isolationsstufen optimieren.

3.3 Isolationsstufen (Isolation Level)

Um das Sperren von Datenbankobjekten durch Transaktionen etwas flexibler zu gestalten, kann man verschiedene Isolationsstufen nutzen. Schon in älteren SQL-Server-Versionen gab es vier grundlegende Isolationsstufen, über die gesteuert werden konnte, in welchem Ausmaß Sperren gesetzt werden:

- *READ UNCOMMITTED*: Bei dieser Isolationsstufe können Daten auch dann gelesen werden, wenn sie von anderen offenen Transaktionen geändert wurden. Transaktionen die als *READ COMMITTED* laufen, werden also nicht von anderen Transaktionen gesperrt und sperren auch keine anderen Transaktionen. Als Folge kann es allerdings zu so genannten Dirty Reads kommen, nämlich zum Lesen von Daten, die aus einer offenen Transaktion stammen, die eventuell wieder zurückgerollt wird.

- *READ COMMITTED*: Daten, die von anderen offenen Transaktionen geändert wurden, können nicht gelesen werden. Daten, die von der aktuellen Transaktion gelesen wurden, können von anderen Transaktionen geändert werden (allerdings nicht zeitgleich zur Leseoperation), wodurch so genannte Nonrepeatable Reads entstehen. *READ COMMITTED* ist die Standardisolationsstufe, wenn nicht explizit eine andere gesetzt wird.
- *REPEATABLE READ*: Daten, die von anderen offenen Transaktionen geändert wurden, können nicht gelesen werden. Daten, die von der aktuellen Transaktion gelesen wurden, werden durch einen Shared Lock für Schreibzugriffe gesperrt, damit ein weiterer Lesevorgang derselben Zeilen auch dieselben Daten zurückliefert (daher die Bezeichnung *REPEATABLE READ*).
- *SERIALIZABLE*: Diese Isolationsstufe entspricht weitgehend dem *REPEATABLE READ*, verhindert aber zusätzlich, dass andere Transaktionen neue Zeilen erzeugen, die sich auf Abfragen der aktuellen Transaktion auswirken würden. Dadurch wird die Entstehung von so genannten Phantomzeilen ausgeschlossen.

Seit SQL Server 2005 kam noch eine weitere Variante dazu, mit der Sperren komplett vermieden werden können:

- *SNAPSHOT*: Liest Zeilen immer in dem Zustand, den sie zu Beginn der Transaktion hatten (es sei denn, die Änderungen stammen aus derselben Transaktion). Dadurch können stets konsistente Daten gelesen werden, ohne die Notwendigkeit, Sperren zu setzen. Damit diese Isolationsstufe genutzt werden kann, muss die Datenbankoption *ALLOW_SNAPSHOT_ISOLATION* aktiviert sein.

Zusätzlich gibt es ab SQL Server 2005 eine weitere Datenbankoption (*READ_COMMITTED_SNAPSHOT*), mit der das Verhalten der Isolationsstufe *READ COMMITTED* beeinflusst werden kann. Ist diese Option aktiviert, wird – anstatt die Daten für eine Anweisung mit einem Shared Lock zu belegen – ein Snapshot erzeugt, der die Daten mit dem Stand, den sie zu Beginn der Anweisung hatten, zur Verfügung stellt. Im Gegensatz zur Isolationsstufe *SNAPSHOT* wird der Snapshot hier nur für die Dauer jeweils einer Anweisung und nicht für die gesamte Transaktion aufrecht erhalten.

Das Setzen der Isolationsstufen für eine Transaktion erfolgt mit der SQL-Anweisung *SET TRANSACTION ISOLATION LEVEL*, wie folgendes Beispiel zeigt:

```
SET TRANSACTION ISOLATION LEVEL
READ UNCOMMITTED
```

Dies kann zu Beginn, aber auch irgendwo innerhalb einer Transaktion geschehen. Dadurch kann die Isolationsstufe auch bei laufender Transaktion gewechselt werden. Lediglich das Setzen der Isolationsstufe *SNAPSHOT* muss bereits zu Beginn der Transaktion geschehen, da der Snapshot natürlich nicht rückwirkend erstellt werden kann.

3.4 Tabellenhinweise

So wie sich über die Wahl der richtigen Isolationsstufe das Sperrverhalten für ganze Transaktionen steuern lässt, kann man dies durch die Verwendung von Sperrhinweisen für Tabellen (Table Hints) auch für einzelne Abfragen erreichen.

Tabellenhinweise lassen sich mit *SELECT*-, *INSERT*-, *UPDATE*-, *DELETE*- und *MERGE*-Anweisungen verwenden und werden – wie es der Name bereits vermuten lässt – pro Tabelle angegeben. Dies geschieht direkt in der *FROM*-Klausel bei der Angabe der jeweiligen Tabelle mit dem Zusatz *WITH*, wobei dahinter in Klammern ein oder mehrere Tabellenhinweise (kommagetrennt) folgen.

Ein Beispiel:

```
SELECT *
FROM Person.Person WITH (NOLOCK)
WHERE Name = 'Müller'
```

HINWEIS: Es gibt eine ganze Reihe von Tabellenhinweisen, wovon sich nur ein Teil auf das Sperrverhalten auswirkt. Die anderen performancerelevanten Tabellenhinweise werden zusammen mit weiteren Abfragehinweisen im nächsten Kapitel behandelt.

Mit folgenden Tabellenhinweisen wird der Isolationslevel für eine Abfrage gesetzt:

- *READUNCOMMITTED*: Entspricht der gleichnamigen Isolationsstufe, liest also trotz eventuell vorhandener Sperren und sperrt auch selbst keine Datenzeilen
- *NOLOCK*: Alternative Bezeichnung für den Tabellenhinweise *READUNCOMMITTED*
- *READCOMMITTED*: Entspricht der gleichnamigen Isolationsstufe, liest also keine Daten, die von anderen offenen Transaktionen geändert werden, und sperrt Daten mit einem Shared Lock, während sie gelesen werden (bei aktiviertem *READ_COMMITTED_SNAPSHOT* werden die Daten auf Basis eines Snapshots – also mit dem Stand zu Beginn der Anweisung – gelesen und dadurch auch keine Sperren erzeugt)
- *READCOMMITTEDLOCK*: Entspricht *READ COMMITTED*, verwendet aber unabhängig von der Datenbankeinstellung *READ_COMMITTED_SNAPSHOT* immer Shared Locks

- *REPEATABLEREAD*: Entspricht der gleichnamigen Isolationsstufe, liest also keine Daten, die von anderen offenen Transaktionen geändert werden, und sperrt Daten mit einem Shared Lock, während sie gelesen werden (im Gegensatz zu *READCOMMITTED*, aber nicht bis zum Ende der Abfrage, sondern bis zum Ende der Transaktion)
- *SERIALIZABLE*: Entspricht der gleichnamigen Isolationsstufe und ist damit noch restriktiver als ein *REPEATABLEREAD*, da zusätzlich verhindert wird, dass andere Transaktionen zeitgleich neue Zeilen erzeugen, die sich auf die aktuelle Abfrage auswirken würden
- *HOLDLOCK*: Alternative Bezeichnung für den Tabellenhinweis *SERIALIZABLE*

In Kombination mit den Isolationsleveln *READCOMMITTED* und *REPEATABLEREAD* kann noch der zusätzliche Hinweis *READPAST* verwendet werden, der dafür sorgt, dass von anderen Transaktionen gesperrte Zeilen beim Lesen einfach übersprungen werden. Dabei sperrt die Abfrage mit dem *READPAST*-Hinweis selbst keine Zeilen der betroffenen Tabelle.

Dazu gibt es weitere Hinweise, mit denen die Granularität einer Sperre beeinflusst werden kann. Dadurch kann beispielsweise eine während des Abfrageverlaufs eventuell notwendige Lock Escalation vorweggenommen werden:

- *NOLOCK* liest die Daten, ohne sie zu sperren, was Dirty Reads zur Folge haben kann
- *ROWLOCK* sperrt die Daten zeilenweise
- *PAGLOCK* sperrt die Daten seitenweise
- *TABLOCK* sperrt die Daten für die ganze Tabelle
- *TABLOCKX* sperrt die Daten für die ganze Tabelle exklusiv (bis zum Ende der Abfrage)

Zusätzlich zur Granularität der Sperren kann durch entsprechende Hinweise dafür gesorgt werden, dass an Stelle eines Shared Locks gleich restriktivere Sperren gesetzt und bis zum Ende der Transaktion gehalten werden.

- *UPDLOCK* setzt einen Update Lock
- *XLOCK* setzt eine exklusive Sperre

Aus den beiden oben aufgelisteten Kategorien (Hinweise für Isolationslevel und Hinweise für die Granularität) kann pro Tabelle nur ein Hinweis verwendet werden.

3.5 Deadlocks

In manchen Fällen kann es vorkommen, dass zwei Transaktionen sich gegenseitig so blockieren, dass keine der beiden Transaktionen beendet werden kann. Das ist beispielsweise dann der Fall, wenn Transaktion A einen Kundendatensatz geändert (und damit exklusiv gesperrt) hat und anschließend einen Bestelldatensatz ändern will, während Transaktion B denselben Bestelldatensatz geändert (und damit gesperrt hat) und auf die Freigabe des dazugehörigen Kundendatensatzes wartet. Beide Transaktionen haben damit jeweils ein Objekt exklusiv gesperrt und warten auf die Freigabe des jeweils von der anderen Transaktion gesperrten Objekts. Damit kann eigentlich keine von beiden Transaktionen beendet werden, und die Prozesse hängen. Man nennt diese Situation einen Deadlock.

Um das Problem zu lösen, erkennt SQL Server solche Deadlocks automatisch und behebt sie, indem einer von beiden Prozessen als Deadlock-Opfer ausgewählt und mit folgender Meldung abgebrochen wird:

Meldung 1205, Ebene 13, Status 56, Zeile 1

Die Transaktion (Prozess-ID 54) befand sich auf Sperre Ressourcen aufgrund eines anderen Prozesses in einer Deadlocksituation und wurde als Deadlockopfer ausgewählt. Führen Sie die Transaktion erneut aus.

Somit kann wenigstens der andere Prozess komplett durchlaufen. Anschließend kann die abgebrochene Transaktion erneut gestartet werden (sofern die entsprechende Anwendung dies unterstützt).

Die Auswahl des Deadlock-Opfers erfolgt anhand von zwei Kriterien:

1. Im Normalfall wird der Prozess als Deadlock-Opfer gewählt, der mit weniger Aufwand rückgängig zu machen ist (da für ihn ja ein kompletter Rollback erfolgt)
2. Durch das Setzen von Deadlock-Prioritäten lässt sich explizit steuern, welche Transaktionen eher als Deadlock-Opfer gewählt werden als andere; haben zwei Prozesse, die sich gegenseitig sperren, unterschiedliche Prioritäten, wird immer derjenige mit der niedrigeren Priorität als Deadlock-Opfer gewählt und abgebrochen

Das Setzen der Deadlock-Priorität geschieht mit folgender SQL-Anweisung:

```
SET DEADLOCK_PRIORITY { LOW | NORMAL | HIGH |
                                   <numerischer Wert> }
```

Wenn Sie die Priorität als numerischen Wert angeben, sind ganzzahlige Werte von -10 bis +10 möglich. Für die meisten Fälle reichen aber die drei Standardprioritäten *LOW* (entspricht -5), *NORMAL* (entspricht 0) sowie *HIGH* (entspricht +5) aus, wobei *NORMAL* – wie der Name schon vermuten lässt – die Default-Priorität ist.

Durch das explizite Ändern von Deadlock-Prioritäten während einer Transaktion können Sie beispielsweise dafür sorgen, dass eine Transaktion, die fast fertig ist, eher nicht als Deadlock-Opfer gewählt wird.

Mit dem SQL Server Profiler lassen sich Deadlocks protokollieren und grafisch anzeigen.[2] Erstellen Sie dazu einen Profiler Trace mit der Vorlage *TSQL_Locks*, die unter anderem die Ereignisse *Deadlock Graph*, *Lock:Deadlock* und *Lock:Deadlock Chain* enthält.

Um nun einen Deadlock zu erzeugen, öffnen Sie im SQL Server Management Studio zwei Abfragefenster auf die *AdventureWorks2012*-Datenbank und starten Sie im ersten Fenster die folgenden Anweisungen:

```
BEGIN TRANSACTION

UPDATE Person.PhoneNumberType
SET Name='Mobile'
WHERE PhoneNumberTypeID=1
```

Im zweiten Fenster wird nun auch eine Transaktion gestartet, die zuerst auf eine zweite Tabelle und danach ebenso auf die Tabelle *PhoneNumberType* schreibend zugreift:

```
BEGIN TRANSACTION

UPDATE Person.AddressType
SET Name='daheim'
WHERE AddressTypeID=2
```

2 Eine detaillierte Erläuterung des SQL Server Profiler ist im meinem SQL-Server-Performance-Ratgeber zu finden, der ebenfalls bei entwickler.press erschienen ist.

```
UPDATE Person.PhoneNumberType
SET Name='Handy'
WHERE PhoneNumberTypeID=1
```

Die Transaktion wartet nun, bis die Tabelle *PhoneNumberType* von der ersten Transaktion wieder freigegeben wird. Wechseln Sie nun wieder zum ersten Abfragefenster und führen Sie dort ein Update auf die Tabelle *AddressType* aus, die von der zweiten Transaktion bereits gesperrt ist:

```
UPDATE Person.AddressType
SET Name='zu Hause'
WHERE AddressTypeID=2
```

Beide Transaktionen haben nun eine Tabelle bereits gesperrt und warten auf die Freigabe der jeweils anderen Tabelle. Nach kurzer Zeit wird eine Transaktion als Deadlock-Opfer gewählt und abgebrochen. Sie können dort nun durch Anzeige der Systemvariable *@@TRANCOUNT* prüfen, ob die Transaktion wirklich nicht mehr geöffnet ist. Die andere Transaktion konnte das zweite Update nun beenden, sodass man diese Transaktion nun mit einem *COMMIT TRANSACTION* dauerhaft machen könnte. Wenn Sie Ihre Beispieldatenbank aber nicht verändern möchten, können Sie hier explizit ein *ROLLBACK TRANSACTION* ausführen, und alles ist wieder wie zuvor.

Im SQL Server Profiler wurde der Deadlock ebenfalls bemerkt. Neben der Protokollierung der abgesendeten SQL-Befehle ist hier auch der Deadlock Graph zu finden, in dem der Deadlock sowie die Wahl des Deadlock-Opfers anschaulich dargestellt werden.

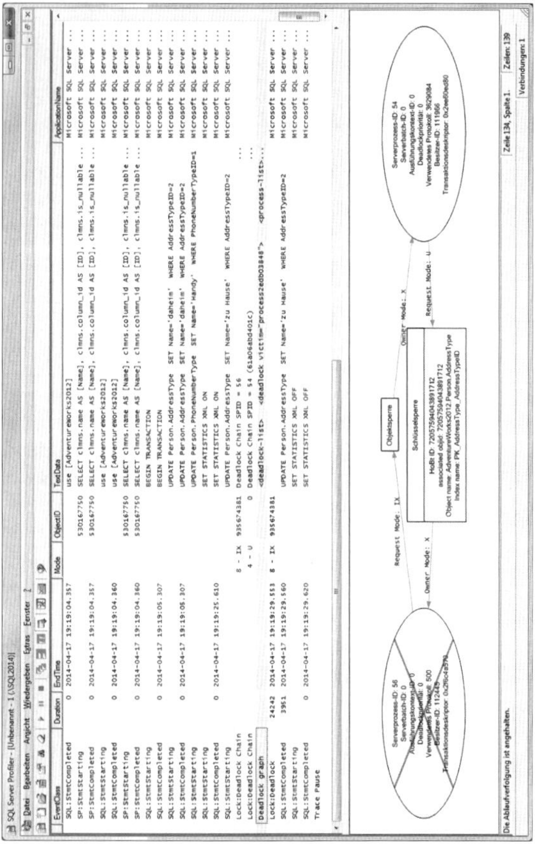

Abbildung 3.1: Der Deadlock Graph im SQL Server Profiler

HINWEIS: Der SQL Server Profiler ist von Microsoft bereits seit einiger Zeit abgekündigt. Auch wenn das Tool beim aktuellen SQL Server 2014 noch enthalten ist, ist davon auszugehen, dass dies in einer der nächsten Versionen nicht mehr der Fall sein wird. Stattdessen können – auch in den aktuellen Versionen schon – Extended Events genutzt werden, um Deadlocks zu protokollieren. Seit SQL Server 2012 sind diese auch in das SQL Server Management Studio integriert und somit komfortabel nutzbar.

Auch wenn die Erkennung von Deadlocks zuverlässig funktioniert, kostet sie einerseits Zeit und erfordert andererseits ein erneutes Starten des abgebrochenen Prozesses. Daher ist natürlich anzustreben, Deadlocks von vornherein zu vermeiden. Zwar lassen sich Deadlocks nicht generell ausschließen (sofern Sie die Datenbank nicht komplett auf Read-Only- oder Single-User-Betrieb schalten), man kann jedoch mit ein paar einfachen Regeln das Risiko des Auftretens von Deadlocks weitgehend minimieren:

- Transaktionen so klein wie möglich halten: Beschränken Sie Transaktionen auf das Wesentliche und halten Sie sie so klein wie möglich. Insbesondere umfangreiche Lesezugriffe können meist bereits vor Beginn der Transaktion erfolgen.
- Keine Benutzerinteraktion während einer Transaktion: Wenn Sie Transaktionen innerhalb einer Anwendung verwenden, sollte zwischen Beginn und Ende der Transaktion keine Benutzerinteraktion notwendig sein. Sonst besteht die Gefahr, dass bei einer laufenden Transaktion auf eine Eingabe gewartet wird, der entsprechende Benutzer aber bereits in die Mittagspause (oder schlimmer noch in einen mehrwöchigen Urlaub) verschwunden ist.
- Niedrige Isolationsstufe verwenden: Wie weiter oben bereits erwähnt, können Sie durch Setzen einer niedrigen Isolations-

stufe die während einer Transaktion erzeugten Sperren minimieren. Nutzen Sie dies, um die gesetzten Sperren so frei wie möglich (aber natürlich trotzdem so restriktiv wie nötig) zu halten.

- Sperrhinweise in Abfragen verwenden: Analog zu den Isolationsstufen können Sie auch mit Sperrhinweisen das Sperrverhalten von einzelnen Abfragen beeinflussen.
- Eindeutige Zugriffsreihenfolge definieren: Definieren Sie in Ihrem Entwicklerteam eine eindeutige Zugriffsreihenfolge für Tabellen. Dadurch wird das Risiko minimiert, dass zwei Transaktionen quasi über Kreuz auf Tabellen zugreifen. Bei Tabellen, die miteinander verknüpft sind, bietet es sich beispielsweise an, immer zuerst die übergeordnete Tabelle zu ändern und anschließend auf die abhängigen Tabellen zuzugreifen. Somit wird ein gleichzeitiger Zugriff auf dieselben Datensätze der übergeordneten Tabelle möglichst früh festgestellt.

Dazu sollte natürlich auch berücksichtigt werden, dass durch eine entsprechende Fehlerbehandlung zu prüfen ist, ob eine (als Deadlock-Opfer) abgebrochene Transaktion erneut ausgeführt werden muss.

KAPITEL 4

Optimierung einzelner Abfragen

In diesem Kapitel werden verschiedene Ansätze gezeigt, wie Sie einzelne SQL-Abfragen oder auch ganze Skripte optimieren können. Diese Informationen sind wichtig, da letzten Endes ja jeder Datenbankzugriff auf SQL basiert. Um eine Datenbankanwendung zu beschleunigen, können Sie somit SQL-Abfragen in gespeicherten Prozeduren und Funktionen optimieren, aber auch Abfragen, die von der Anwendung direkt an den SQL Server geschickt werden. Obwohl die meisten der weiter unten geschilderten Optimierungsansätze anhand von *SELECT*-Abfragen diskutiert werden, sind viele davon auch auf die üblichen DML-Anweisungen (*UPDATE, INSERT* und *DELETE*) anwendbar.

HINWEIS: Die hier beschriebenen Optimierungsansätze sind mit jeder neuen Version von SQL Server erneut zu überprüfen. Denn der interne Abfrageoptimierer von SQL Server wird mit jeder Generation besser, sodass der eine oder andere Optimierungsansatz in der nächsten Version vielleicht schon automatisch vom Optimierer umgesetzt wird. Im Zweifelsfall lohnt also immer ein Blick auf den Ausführungsplan der Abfrage.

Der Einfachheit halber wird zuerst die Optimierung von einzelnen Abfragen behandelt. Hierbei ist es hilfreich, die in den vorausgehenden Kapiteln behandelten Grundlagen (insbesondere die Ausführungsreihenfolge von SQL-Klauseln) zu kennen und stets im Hinterkopf zu behalten.

4.1 Vollqualifizierte Bezeichner verwenden

SQL Server kommt mit verschiedenen Varianten von Objektbezeichnungen klar. Für den Zugriff auf eine Tabelle sind beispielsweise folgende Angaben möglich:

```
Server\Instanz.Datenbank.Schema.Tabelle
```
[1]

Sind einzelne dieser Angaben nicht explizit in der Abfrage vorgesehen, versucht SQL Server, diese automatisch zu ermitteln. Serverinstanz und Datenbank sind durch die Datenbankverbindung bereits definiert und müssen daher nicht zwingend explizit angegeben werden. Lediglich bei datenbank- oder gar serverübergreifenden Abfragen ist diese Angabe sinnvoll, dann aber auch notwendig. Optional ist dann lediglich die Angabe der Serverinstanz, sofern es sich um die Standardinstanz des Servers handelt. Bei einer benannten Instanz, die nicht gleichzeitig Standardinstanz ist, muss der Instanzname dagegen angegeben werden.

Während serverübergreifende Abfragen in der Praxis nicht so häufig benötigt werden, sind Abfragen über Tabellen aus verschiedenen Datenbank-Schemas schon eher an der Tagesordnung. Aber auch wenn Sie lediglich das *dbo*-Schema verwenden, sollten Sie den Schema-Namen stets mit angeben, da SQL Server sonst ermitteln muss, zu welchem Schema die Tabelle gehört (in diesem Fall wird die Tabelle zuerst im Standard-Schema des angemeldeten Benutzers und anschließend im *dbo*-Schema gesucht).

1 Damit eine separate Datenbankserverinstanz angegeben werden kann, muss sie als verbundener (engl. linked) Server konfiguriert sein.

Die folgende Variante wäre daher nicht zu empfehlen (zumal diese auch nur dann funktioniert, wenn sich die Tabelle entweder im *dbo*-Schema oder im Standard-Schema des angemeldeten Benutzers befindet):

```
SELECT FirstName, LastName
FROM Person
```

Besser (und gleichzeitig weniger fehleranfällig, weil eindeutiger) ist dagegen die folgende Formulierung:

```
SELECT FirstName, LastName
FROM Person.Person
```

Auch bei der Angabe der Spaltennamen in einer Abfrage sind verschiedene Varianten zulässig. Hier kann man den Tabellennamen weglassen, wenn die Spalte trotzdem eindeutig zugeordnet werden kann. Taucht der Spaltenname in mehreren verwendeten Tabellen auf, kommt es zu einer entsprechenden Fehlermeldung. Aber auch dann, wenn die Voraussetzung für eine eindeutige Zuordnung gegeben ist, sollten der Tabellenname oder der entsprechende Alias verwendet werden, damit SQL Server nicht prüfen muss, zu welcher Tabelle die Spalte gehört. Dazu macht es die Abfrage besser lesbar, da gleich erkennbar ist, aus welcher Tabelle die Daten kommen.

Auch hier zuerst die weniger empfehlenswerte Variante:

```
SELECT FirstName, LastName, PhoneNumber
FROM Person.Person AS pers
    INNER JOIN Person.PersonPhone AS phone
        ON pers.BusinessEntityID
            = phone.BusinessEntityID
```

Und hier die bessere Variante, bei der die Aliasnamen der Tabellen auch in der *SELECT*-Klausel verwendet werden:

```
SELECT pers.FirstName, pers.LastName,
    phone.PhoneNumber
FROM Person.Person AS pers
    INNER JOIN Person.PersonPhone AS phone
        ON pers.BusinessEntityID
            = phone.BusinessEntityID
```

Sollte in der Abfrage nur eine Tabelle angesprochen werden, kann man sich natürlich sowohl den Aliasnamen als auch dessen Angabe in der *SELECT*-Klausel sparen.

4.2 Datenvolumen so schnell wie möglich reduzieren

Bereits in Kapitel 2.1 wurde der interne Ablauf der Verarbeitung von Abfragen beschrieben. Daraus geht unter anderem hervor, dass die einzelnen SQL-Klauseln in einer bestimmten Reihenfolge nacheinander abgearbeitet werden. Mit jedem Schritt wird ein Zwischenergebnis gebildet, das nach Möglichkeit im Hauptspeicher gehalten wird. Um sowohl den dafür erforderlichen Speicherbedarf als auch die weiterzuverarbeitende Datenmenge möglichst gering zu halten, sollte das Datenvolumen so früh und weit wie möglich reduziert werden. Dies sollte sowohl vertikal (Auswahl der benötigten Spalten) als auch horizontal (Filter auf die relevanten Zeilen) erfolgen.

Nur benötigte Spalten selektieren

Dieser Ansatz ist extrem einfach umzusetzen, wird aber dennoch – vermutlich meist aus Bequemlichkeit – sträflich vernachlässigt. Denn es ist natürlich viel einfacher, die Abfrage mit einem *SELECT* * zu beginnen, um bei Bedarf alle Spalten aller beteiligten Tabellen zur Verfügung zu haben. Hier sollte man sich aber definitiv die Mühe machen und überlegen, welche Spalten wirklich benötigt werden, um diese dann explizit anzugeben. Das Ergebnis ist ein deutlich geringerer Speicherbedarf und damit eine effektivere Ausführung der Abfrage. Teilweise kann dadurch der Zugriff auf einzelne Tabellen sogar komplett wegfallen, da eventuell die Verwendung eines Index auf die Tabelle ausreicht. (in diesem Fall handelt es sich dann um den in Kapitel 1.4 vorgestellten abdeckenden Index)

Um dies zu veranschaulichen, können Sie die Ausführungspläne der folgenden beiden Abfragen vergleichen:

```
-- nicht gut
SELECT *
FROM Person.Person

-- besser
SELECT FirstName, LastName
FROM Person.Person
```

Listing 4.1: Explizite Angabe der benötigten Spalten

Auf den ersten Blick ist kein Unterschied zu erkennen, da für beide Abfragen ein Index Scan ausgeführt wird. Bei näherem Hinsehen stellt man aber fest, dass die erste Abfrage einen Clustered Index Scan ausführt (also eigentlich die gesamte Tabelle liest), während die zweite Abfrage nur den nicht gruppierten Index *IX_Person_LastName_FirstName_MiddleName* (sofern vorhanden) liest, der natürlich deutlich kleiner ist. In diesem Fall handelt es sich also wirklich um einen abdeckenden Index. Daher beträgt der Anteil der Abfragekosten für diese Variante auch nur 3 % gegenüber den 97 % der ersten Variante.

Noch deutlicher wird der Unterschied, wenn die Daten sortiert ausgegeben werden sollen:

```
-- nicht gut
SELECT *
FROM Person.Person
ORDER BY LastName, Firstname

-- besser
SELECT FirstName, LastName
FROM Person.Person
ORDER BY LastName, Firstname
```

Listing 4.2: Explizite Angabe der benötigten Spalten bei sortierter Ergebnisausgabe

Da die Sortierung zum nicht gruppierten Index passt, ändert sich am Ausführungsplan der zweiten Abfrage nichts. Der Ausführungsplan für die erste Variante ändert sich aber völlig. Um die Sortierung zu erreichen, wird auch hier nun über den nicht gruppierten Index gelesen und für jede Zeile dann eine Schlüsselsuche (engl. Row Lookup) ausgeführt, um die nicht im Index enthaltenen Spalten nachzuladen.

Eine alternative Möglichkeit wäre die Beibehaltung des alten Ausführungsplans der ersten Variante – also das Lesen der Daten aus dem gruppierten Index – mit einem anschließenden Sortieren der Ergebnismenge. Aber der in SQL Server 2014 integrierte Abfrageoptimierer hat in diesem Fall die andere Variante als günstiger eingestuft.

Wie in Abbildung 4.1 zu sehen ist, hat sich dadurch auch die Verteilung der Abfragekosten mit 99 % zu 1 % weiter verschoben.

Dieses Beispiel zeigt auch, wie die Abfrageoptimierung von SQL Server im Laufe der Jahre weiterentwickelt wurde. SQL Server 2008 hat noch die Variante mit Clustered Index Scan und anschließendem Sort gewählt, ab SQL Server 2012 wird dagegen die Variante mit Non-clustered Index Scan und Row Lookup bevorzugt.

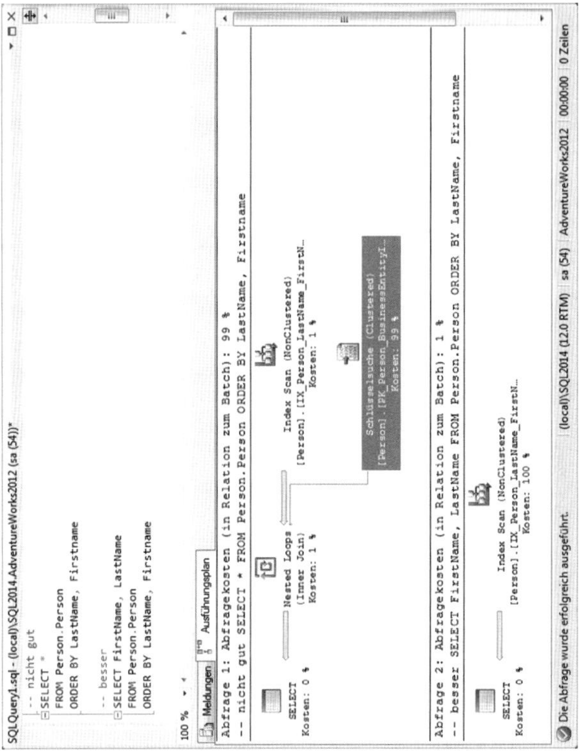

Abbildung 4.1: Die negativen Auswirkungen von „SELECT *" sind hier leicht zu erkennen

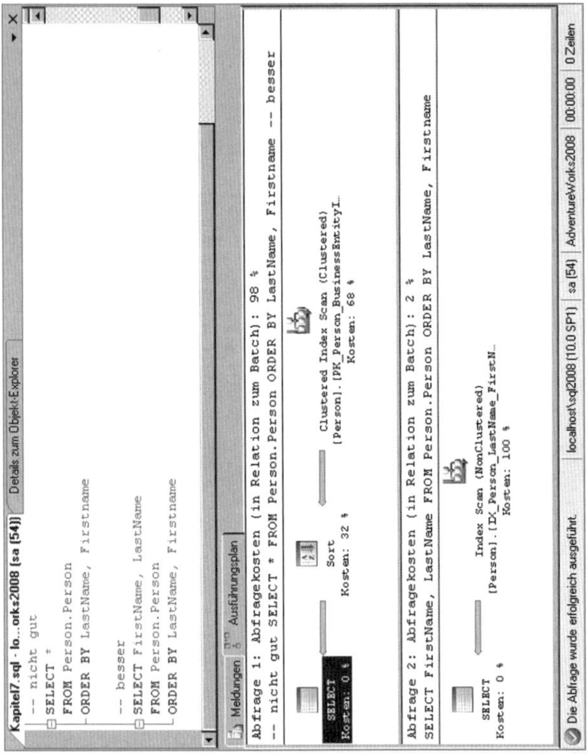

Abbildung 4.2: SQL Server 2008 lieferte für die erste Variante der Abfrage noch einen anderen Ausführungsplan

Zeilen so früh wie möglich einschränken

Genauso, wie man die Spalten einer Abfrage möglichst genau einschränken sollte, kann man das auch mit den Zeilen tun. In den meisten Fällen wird dies zwar gegeben sein, da die Abfrage sonst schlichtweg ein falsches Ergebnis liefert. Dennoch gilt es, diese Zeilenfilter so früh wie möglich anzuwenden, um die Zwischenergebnisse der Abfrage möglichst kompakt zu halten. Hier kommt die Ausführungsreihenfolge der einzelnen Abfrageklauseln wieder ins Spiel.

Wenn man sich diese ins Gedächtnis zurückruft, liegt die Vermutung nahe, dass eine Bedingung zur Eingrenzung der Ergebniszeilen besser in der *WHERE*-Klausel aufgehoben ist als in der *HAVING*-Klausel – was natürlich nur möglich ist, wenn die Bedingung sich nicht auf eine Aggregatfunktion der Gruppe bezieht.

In der Praxis ist auch dies ein hervorragendes Beispiel, um nachzuvollziehen, wie der interne Abfrageoptimierer sich von SQL Server 2005 zu SQL Server 2008 verbessert hat. Unter SQL Server 2005 erzeugen die beiden folgenden Abfragen trotz des gleichen Ergebnisses unterschiedliche Ausführungspläne:

```
-- nicht gut
SELECT EmailAddress, COUNT(*) AS Anzahl
FROM Person.EmailAddress
GROUP BY EmailAddress
HAVING EmailAddress LIKE 'john%'

-- besser
SELECT EmailAddress, COUNT(*) AS Anzahl
FROM Person.EmailAddress
WHERE EmailAddress LIKE 'john%'
GROUP BY EmailAddress
```

Listing 4.3: Einschränkung der Zeilen über die „WHERE"- oder die „HAVING"-Klausel

HINWEIS: Die *AdventureWorks*-Beispieldatenbank hat ab der 2008er Version eine leicht abweichende Datenbankstruktur, sodass Sie bei älteren Varianten statt der Tabelle *Person.EmailAddress* die Tabelle *Person.Contact* verwenden müssen, um das oben gezeigte Beispiel nachzuvollziehen.

In beiden Varianten wird ein existierender Index auf die Spalte *EmailAddress* genutzt, allerdings wird er in der ersten Variante per Index Scan komplett gelesen, da zuerst die Gruppierung ausgeführt wird und erst danach die Einschränkung aus der *HAVING*-Klausel greift.

In der zweiten Variante dagegen greift zuerst die *WHERE*-Klausel, sodass die relevanten Zeilen über einen Index Seek gezielt herausgesucht werden können. Die wenigen verbleibenden Zeilen werden dann erst anschließend über die *GROUP BY*-Klausel zu Gruppen zusammengefasst.

Bei Verwendung von SQL Server 2008 ergibt sich allerdings ein anderes Bild. Hier ist der Abfrageoptimierer so schlau geworden, dass er gleich erkennt, dass die Eingrenzung auf die E-Mail-Adressen, die mit *john* beginnen, auch vor der Gruppierung erfolgen kann, und erzeugt für beide Varianten einen Ausführungsplan, der einen Index Seek nutzt. In der ersten Variante taucht lediglich noch eine zusätzliche Filteraktion auf, deren Kosten hier aber vernachlässigbar sind.

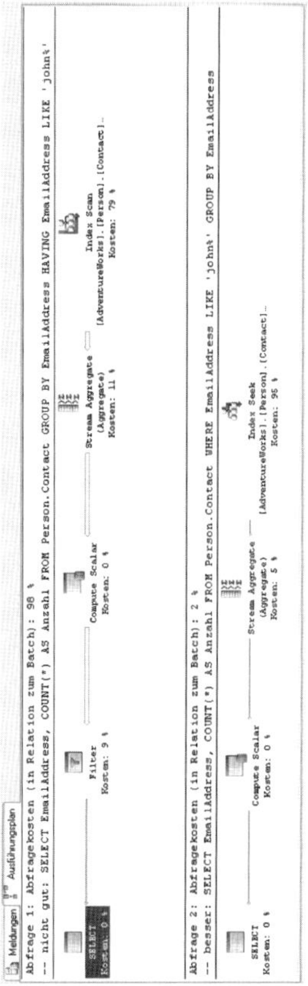

Abbildung 4.3: Die verschiedenen Ausführungspläne bei SQL Server 2005

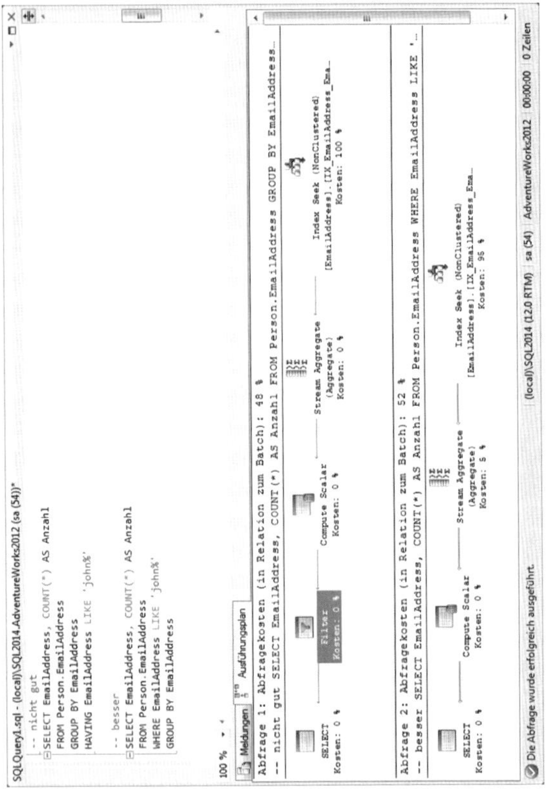

Abbildung 4.4: Geänderte Ausführungspläne ab SQL Server 2008

4.3 Indexverwendung ermöglichen

Die Möglichkeit und Art der Indexverwendung ist von entscheidender Bedeutung für die Ausführungsdauer von Abfragen, da dies die Ausführungsdauer leicht um den Faktor 100 oder mehr beeinflussen kann. Dazu muss natürlich einerseits ein passender und nicht zu stark fragmentierter Index vorhanden sein. Dieses Thema wurde jedoch ausgiebig in Kapitel 1 diskutiert. Aber selbst bei vorhandenen geeigneten Indizes gibt es eine Menge Faktoren (auch in der Abfrage selbst), die ermöglichen bzw. verhindern können, dass ein solcher auch effektiv genutzt werden kann.

HINWEIS: Über Optimizer Hints lässt sich sogar erzwingen, dass ein bestimmter Index von einer Abfrage verwendet wird. Dieses Thema wird in Kapitel 4.6 behandelt.

Verwendung von Suchargumenten

Damit ein Index optimal – also möglichst über einen Index Seek – genutzt werden kann, müssen die Indexspalten in der *WHERE*-Klausel in einer bestimmten Form genutzt werden. Dazu müssen folgende Regeln befolgt sein:

- Die Indexspalten müssen isoliert auf einer Seite des Vergleichsoperators auftreten. Eine Verwendung der Indexspalte als Funktionsparameter beispielsweise verhindert eine optimale Indexnutzung.
- Die Verwendung von negierten Vergleichsoperatoren (wie beispielsweise *NOT IN*, *NOT EXISTS*, *NOT LIKE*, <>) ist zu vermeiden. Hier wären durch einen Index Seek lediglich die Zeilen zu finden, die nicht im Ergebnis erscheinen sollen. Für

die restlichen Zeilen ist dann ein Index Scan nötig. Sofern es sich nicht um einen abdeckenden Index handelt, ist es in den meisten Fällen aufgrund der geringen Selektivität der negierten Vergleichsbedingung sogar effektiver, gleich die gesamte Tabelle über einen Table Scan zu lesen.

- Wird für den Vergleich ein *LIKE*-Operator verwendet, sollte der Anfang der Vergleichszeichenfolge konstante Zeichen enthalten. Erst weiter hinten dürfen die üblichen Platzhalter (% _etc.) verwendet werden.

Sind diese Bedingungen erfüllt, spricht man von einem gültigen *Suchargument* (engl.: *search argument*, oder kurz: *SARG*). Ist eine der Bedingungen nicht erfüllt, ist zwar kein gültiges Suchargument mehr gegeben, was aber nicht bedeutet, dass ein passender Index gar nicht mehr verwendet werden kann. Stattdessen ist meist immer noch ein Index Scan möglich, der zwar immer noch deutlich effektiver ist als ein Table Scan, aber trotzdem weit aufwändiger als ein Index Seek.

Die folgende Abfrage enthält beispielsweise kein gültiges Suchargument, da die Spalte *LastName* als Funktionsparameter verwendet wird:

```
SELECT FirstName, LastName
FROM Person.Person
WHERE LEFT(LastName, 5)='Shaba'
```

Stellt man die Abfrage so um, sodass statt der *LEFT*-Funktion der *LIKE*-Operator verwendet wird, ist dagegen ein Suchargument gegeben, sodass ein Index Seek möglich wird:

```
SELECT FirstName, LastName
FROM Person.Person
WHERE LastName LIKE 'Shaba%'
```

Bei der folgenden Verwendung des *LIKE*-Operators geht dies allerdings nicht, da hier der Platzhalter am Anfang der Suchzeichenkette steht:

```
SELECT FirstName, LastName
FROM Person.Person
WHERE LastName LIKE '%abalin'
```

Die folgende Abfragevariante verwendet bei älteren SQL-Server-Versionen wegen des negierten Operators lediglich einen Index Scan:

```
SELECT FirstName, LastName
FROM Person.Person
WHERE LastName<>'Shabalin'
```

Spätestens seit SQL Server 2012 ist der integrierte Abfrageoptimierer aber wieder ein Stück schlauer geworden, sodass er die Bedingung *LastName<>'Shabalin'* zur Ausführung intern umformuliert in *LastName<'Shabalin' OR LastName>'Shabalin'*. Das ist zwar aufgrund der OR-Verknüpfung auch nicht ideal, aber zumindest kann so wieder ein Index Seek genutzt werden, um gleich auf die richtigen Zeilen zuzugreifen.

Würden anstelle der Spalten *FirstName* und *LastName* alle Spalten der Tabelle selektiert, so wäre die Folge wieder ein Clustered Index Scan (also im Prinzip ein Table Scan). Ein alternativer Ausführungsplan dazu wäre ein Index Seek, kombiniert mit einem Row Lookup pro gefundener Zeile, was aufgrund der relativ schlechten Selektivität der OR-verknüpften Bedingung in der Summe deutlich aufwändiger wäre.

Verwendung einer zusätzlichen WHERE-Bedingung

In einigen Fällen kann es sinnvoll sein, die Abfrage durch eine zusätzliche – eigentlich redundante – *WHERE*-Bedingung zu ergänzen und es damit dem Abfrageoptimierer zu ermöglichen, einen eventuell effektiveren Ausführungsplan zu erstellen.

Dies kann in zwei Fällen eine Verbesserung der Abfrageperformance bringen:

- Die ursprüngliche Abfrage konnte keinen passenden Index verwenden. Durch die Zusatzbedingung können die weiter zu betrachtenden Daten über einen Index stark eingegrenzt werden, sodass nur noch wenige Zeilen direkt aus der Tabelle gelesen werden müssen.
- Die ursprüngliche Abfrage konnte zwar einen Index nutzen, allerdings nur per Index Scan, da die erste Spalte des Index nicht in der *WHERE*-Klausel enthalten war. Durch eine Zusatzbedingung auf diese erste Spalte wird die effektivere Indexnutzung per Index Seek ermöglicht.

Sehen wir uns für die zweite Variante ein konkretes Beispiel an:

```
SELECT FirstName, LastName, Demographics
FROM Person.Person
WHERE FirstName='Rostislav'
```

Die Abfrage verwendet einen Index Scan, da das Feld *FirstName* zwar in einem Index enthalten ist, dort aber nicht an erster Stelle steht, sondern an zweiter, hinter dem Feld *LastName*. Wenn man allerdings sicher weiß, dass in der Tabelle nur ein Rostislav enthalten ist, und man auch dessen Nachnamen kennt, kann man ihn in der *WHERE*-Klausel ergänzen, damit statt des Index Scan ein Index Seek ausgeführt werden kann:

```
SELECT FirstName, LastName, Demographics
FROM Person.Person
WHERE FirstName='Rostislav'
AND LastName='Shabalin'
```

Wie das Beispiel zeigt, erfordert dieser Optimierungsansatz Zusatzwissen über die inhaltlichen Zusammenhänge der Daten. Damit sollte sich die Zusatzbedingung transitiv aus den bestehenden Bedingungen ergeben. Wenn beispielsweise nach einem Adressdatensatz in Berlin gesucht wird, kann man davon ausgehen, dass die Adresse in Deutschland gesucht wird[2]. Geht man hier von falschen Zusammenhängen aus, wird vielleicht die Performance besser, aber dafür das Ergebnis verfälscht. Daher ist beim Ergänzen zusätzlicher *WHERE*-Bedingungen extreme Vorsicht geraten, damit das Ergebnis der Abfrage noch das gewünschte bleibt.

Die Spalten der Zusatzbedingung müssen in einem Index enthalten sein, der die Abfrageperformance verbessern kann. Ist das nicht der Fall, muss man mit einer Verschlechterung der Ausführungsdauer rechnen. Das gilt insbesondere dann, wenn die Abfrage in der ursprünglichen Form einen abdeckenden Index (per Index Scan) nutzen konnte, durch die Zusatzbedingung aber ein Zugriff auf die Tabelle selbst notwendig wird.

4.4 Unterabfragen

In vielen Fällen lassen sich Abfragen mit Unterabfragen schlechter optimieren als solche, in denen die Tabellen über Joins verbunden sind. Auch dies ist ein Bereich, in dem der Abfrageoptimierer

2 Wenn man einmal vernachlässigt, dass es die meisten europäischen Städtenamen irgendwo in den USA noch einmal gibt.

ab SQL Server 2008 intelligenter geworden ist als der von SQL Server 2005.

Generell spielt auch die Art der Unterabfrage eine entscheidende Rolle. Handelt es sich um eine konstante Unterabfrage, die für jeden Datensatz der äußeren Abfrage dasselbe Ergebnis liefert, so ist die Wahrscheinlichkeit relativ hoch, dass diese eigentlich nur einmal physikalisch ausgeführt wird und bei den Folgedurchläufen das Ergebnis direkt aus dem Cache gelesen werden kann. Diese Wahrscheinlichkeit wird umso höher, je kleiner das Ergebnis der Unterabfrage ist.

Handelt es sich aber um eine so genannte korrelierte Unterabfrage, die für jeden Datensatz der äußeren Abfrage ein anderes Ergebnis liefert (da die Unterabfrage selbst Felder der äußeren Abfrage verwendet), so kann es sinnvoll sein, einen Weg zu suchen, um diese Unterabfrage durch ein anderes SQL-Sprachkonstrukt zu ersetzen.

Unterabfragen durch JOINs ersetzen

Eine mögliche Variante liegt darin, die Unterabfrage durch einen JOIN zu ersetzen, um damit dem Abfrageoptimierer mehr Spielraum zu geben, wie und in welcher Reihenfolge auf die beteiligten Tabellen zugegriffen wird.

Das folgende Beispiel nutzt die 2005er-Version der *AdventureWorks*-Datenbank:

```
-- Unterabfrage mit EXISTS
SELECT pers.FirstName, pers.LastName
FROM Person.Contact pers
WHERE EXISTS
    (SELECT *
    FROM HumanResources.Employee emp
```

```
    WHERE emp.VacationHours<20
        AND emp.ContactID=pers.ContactID)

-- Unterabfrage mit IN
SELECT pers.FirstName, pers.LastName
FROM Person.Contact pers
WHERE pers.ContactID IN
    (SELECT emp.ContactID
    FROM HumanResources.Employee emp
    WHERE emp.VacationHours<20)

-- JOIN
SELECT pers.FirstName, pers.LastName
FROM HumanResources.Employee emp
    INNER JOIN Person.Contact pers
      ON emp.ContactID=pers.ContactID
WHERE emp.VacationHours<20
```

Listing 4.4: Umwandlung von Unterabfragen in JOINs

Vergleicht man nun mit einem 2005er SQL Server die Ausführungspläne der drei Varianten, so ergibt sich tatsächlich ein etwas besserer Ausführungsplan für die Variante mit dem *JOIN*, da hier die zusätzliche *Sort*-Operation wegfällt, wie Abbildung 4.5 zeigt.

Um das Beispiel auf einem SQL Server ab Version 2008 mit der *AdventureWorks*-Datenbank auszuführen, muss es minimal angepasst werden. Hier ist statt der Tabelle *Person.Contact* die Tabelle *Person.Person* zu verwenden, und das ID-Feld für die Verknüpfung heißt nicht mehr *ContactID*, sondern stattdessen *BusinessEntityID*. Betrachtet man nun auch dort die drei Ausführungspläne, so sind diese absolut identisch, da SQL Server ab der Version 2008 auch für die beiden Varianten mit der Unterabfrage keine *Sort*-Operation mehr benötigt.

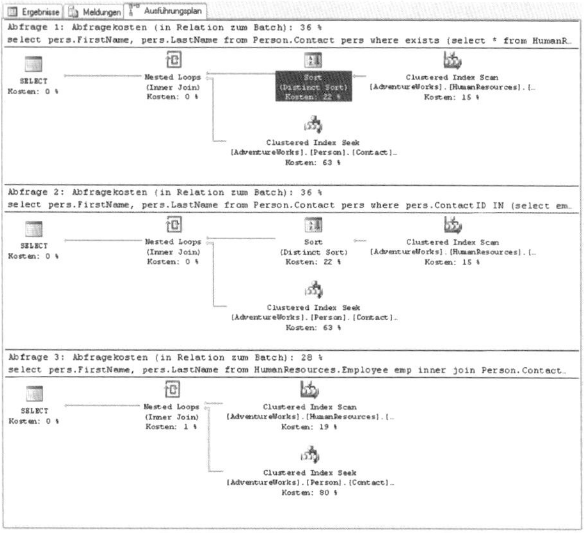

Abbildung 4.5: Unterschiedliche Ausführungspläne bei Verwendung von SQL Server 2005

Korrelierte Unterabfragen in nicht korrelierte umwandeln

Es gibt allerdings auch zahlreiche Beispiele, in denen die Umwandlung einer Unterabfrage in einen JOIN selbst bei SQL Server 2005 keinen Performancegewinn bringt. Die beiden folgenden Varianten einer Abfrage werden intern in denselben Ausführungsplan umgesetzt:

```
-- korrelierte Unterabfrage
SELECT soh.SalesOrderNumber
FROM Sales.SalesOrderHeader AS soh
WHERE (SELECT COUNT(*)
    FROM Sales.SalesOrderDetail AS sod
    WHERE soh.SalesOrderID = sod.SalesOrderID) > 50

-- JOIN
SELECT soh.SalesOrderNumber
FROM Sales.SalesOrderHeader AS soh
    INNER JOIN Sales.SalesOrderDetail AS sod
        ON soh.SalesOrderID = sod.SalesOrderID
GROUP BY soh.SalesOrderNumber
HAVING COUNT(*) > 50
```

Listing 4.5: Vergleich einer korrelierten Unterabfrage mit einer JOIN-Variante

Passt man die erste Variante aber so an, dass aus der korrelierten Unterabfrage eine nicht korrelierte wird, so muss diese nur einmal ausgeführt werden, da das Ergebnis dann im Puffer gehalten wird:

```
-- nicht-korrelierte Unterabfrage
SELECT soh.SalesOrderNumber
FROM Sales.SalesOrderHeader AS soh
WHERE soh.SalesOrderID IN
    (SELECT sod.SalesOrderID
    FROM Sales.SalesOrderDetail AS sod
    GROUP BY sod.SalesOrderID
    HAVING COUNT(*) > 50)
```

Listing 4.6: Variante mit Verwendung einer nicht korrelierten Unterabfrage

Vergleicht man nun die Ausführungspläne der drei Varianten, so bestätigen diese, dass die ersten beiden Varianten nahezu identisch sind (die kleine Differenz beim Filter links kann man sicherlich vernachlässigen), während die dritte Variante mit der unabhängigen Unterabfrage deutlich schneller ist. Der Grund dafür liegt darin, dass diese nur einmal ausgeführt werden muss, wonach dann über Index-Seek-Operationen die entsprechenden Datensätze aus der übergeordneten Abfrage gesucht werden. Dies ist auch bis zur aktuellen 2014er-Generation von SQL Server noch der Fall.

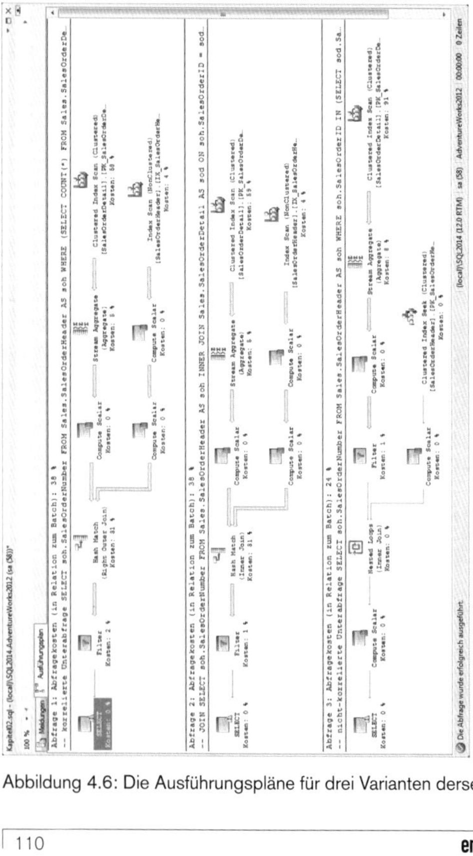

Abbildung 4.6: Die Ausführungspläne für drei Varianten derselben Abfrage

Insgesamt zeigt dies, dass man im Zweifelsfall immer die Ausführungspläne von verschiedenen Abfragevarianten prüfen sollte, bevor man sich für eine davon entscheidet.

4.5 Window Functions

Window Functions sind ein SQL-Sprachkonstrukt, das bereits mit SQL Server 2005 seinen Weg in das Microsoft-Produkt gefunden hat und mit SQL Server 2012 wesentlich erweitert wurde.

Mithilfe dieser Technologie lassen sich Abfragen einfacher und damit performanter realisieren, für die sonst aufwändige Unterabfragen nötig wären.

Eine Window Function setzt sich aus drei Komponenten zusammen:

1. *Partitioning*: Mithilfe der Partitionierung wird das Abfrageergebnis – ähnlich wie bei einer Gruppierung – in einzelne Partitionen unterteilt. Der Unterschied zur Gruppierung besteht allerdings darin, dass die Zeilen einer Partition nicht zu einer zusammengefasst werden, sondern als einzelne Ergebniszeilen erhalten bleiben. Wird die *PARTITION BY*-Klausel weggelassen, wird die gesamte Datenmenge als eine große Partition angesehen.
2. *Ordering*: Die *ORDER BY*-Klausel einer Window Function bestimmt die Reihenfolge der Zeilen innerhalb der Partition.
3. *Framing*: Das Framing definiert einen laufenden Ausschnitt von Zeilen innerhalb einer Partition. Damit kann beispielsweise die aktuelle Zeile zusammen mit deren Vorgänger und Nachfolger betrachtet werden, oder auch alle Zeilen der Partition, die der aktuellen Zeile vorausgehen.

Sehen wir uns dazu ein Beispiel an, bei der aus der Tabelle *Sales.SalesOrderDetail* sortiert nach *SalesOrderID* alle *ProductIDs* zusammen mit der Anzahl der Positionen pro Bestellung ausgegeben werden sollen.

Ohne den Einsatz von Window Functions kann man hierzu beispielsweise eine Unterabfrage verwenden:

```
SELECT sod.SalesOrderId, sod.ProductID,
    (SELECT COUNT(*)
    FROM Sales.SalesOrderDetail AS sod2
    WHERE sod.SalesOrderID=sod2.SalesOrderID)
FROM Sales.SalesOrderDetail AS sod
ORDER BY sod.SalesOrderId, sod.ProductID
```

Listing 4.7: Variante mit Unterabfrage

Wenn man stattdessen Window Functions einsetzt, wird die Abfrage sowohl besser lesbar als auch etwas schneller. Dazu bleiben *FROM*- und *ORDER BY*-Klausel erhalten, lediglich die Unterabfrage in der *SELECT*-Klausel wird durch die kompaktere Window Function ersetzt:

```
SELECT sod.SalesOrderId, sod.ProductID,
    COUNT(*)
    OVER (PARTITION BY sod.SalesOrderId)
FROM Sales.SalesOrderDetail AS sod
ORDER BY sod.SalesOrderId, sod.ProductID
```

Listing 4.8: Variante mit Einsatz einer Window Function

Der Vorteil dieser Variante ist, dass der *COUNT* auf Basis der bereits in der Abfrage verwendeten Tabelle *Sales.SalesOrderDetail* ausgeführt wird und diese nicht noch einmal mit einem separaten Alias eingebunden werden muss. Wenn man nun die Ausführungspläne beider Varianten vergleicht, wird man feststellen, dass die Variante mit der Window Function etwas effektiver ist. Der

Unterschied ist hier zwar noch relativ gering, wird sich aber bei komplexeren Beispielen noch deutlich gravierender auswirken.

HINWEIS: Das Thema Window Functions ist so komplex, dass eine ausführliche Abhandlung aller möglichen Varianten den Rahmen dieses Buches sprengen würde. Wenn Sie sich näher mit diesem Thema auseinandersetzen möchten, kann ich hierzu das Buch „Microsoft SQL Server 2012 High-Performance T-SQL Using Window Functions" von Itzik Ben-Gan empfehlen, das bei Microsoft Press erschienen ist.

4.6 Ausführungspläne beeinflussen

Wenn Sie feststellen, dass der interne Abfrageoptimierer nicht automatisch den richtigen Ausführungsplan ermittelt, können Sie den Plan mit entsprechenden Hinweisen bei der Abfrage auch beeinflussen.

HINWEIS: Verwenden Sie diese Optimierungsvariante nur mit äußerster Vorsicht. In den meisten Fällen wird der interne Abfrageoptimierer die richtige Variante wählen, und die Gefahr, die Performance durch einen Abfragehinweis zu verschlechtern, ist relativ groß. Dazu kommt, dass der interne Abfrageoptimierer dynamisch arbeitet und durch die Verwendung von Tabellenstatistiken auch immer aktuelle Datenvolumen (sofern die Statistiken aktuell genug sind) berücksichtigt. Dadurch kann es vorkommen, dass nach einer bestimmten Zeit ein anderer Ausführungsplan effektiver ist als zuvor. Wenn Sie den Ausführungsplan nun durch fest vorgegebene Hinweise beeinflussen, kann dies momentan die optimale Lösung sein, aber später eventuell auch verhindern, dass der SQL Server einen dann effektiveren Weg verwenden kann. Letzten Endes benötigen Sie gute Kenntnisse sowohl der technischen Zusammenhänge als auch der Dateninhalte, um Hinweise sinnvoll einsetzen zu können.

Es gibt verschiedene Varianten von Hinweisen, mit denen Sie die Ausführung einer Abfrage beeinflussen können. Diese sind in zwei Gruppen unterteilt: Mit Tabellenhinweisen können Sie den Zugriff auf eine Tabelle beeinflussen, Abfragehinweise wirken sich dagegen auf die gesamte Abfrage aus.

Tabellenhinweise

Tabellenhinweise (engl. *Table Hints*) regeln die Art, wie auf einzelne Tabellen, die an einer Abfrage beteiligt sind, zugegriffen wird. Einen Teil der verwendbaren Tabellenhinweise – nämlich die zum Beeinflussen der Sperrart – haben Sie bereits in Kapitel 3.4 kennen gelernt. Diese werden oft auch als *Sperrhinweise* (engl. *Locking Hint*) bezeichnet. Um das dort Beschriebene nicht unnötig zu wiederholen, möchte ich an dieser Stelle ein paar andere Tabellenhinweise vorstellen, die ebenfalls Auswirkungen auf die Performance haben.

Mit dem Tabellenhinweis *INDEX* lässt sich steuern, ob ein Index, und wenn ja, welcher, für die Ausführung der Abfrage verwendet werden soll. So kann man mit folgender Variante die Benutzung des Index erzwingen, obwohl dies hier sicherlich nicht sinnvoll ist, da ohnehin alle Zeilen der Tabelle gelesen werden:

```
SELECT *
FROM Person.Person
WITH (INDEX
=IX_Person_LastName_FirstName_MiddleName)
```

Über die Variante *WITH (INDEX=0)* lässt sich dagegen erreichen, dass gar kein Index für die betreffende Tabelle verwendet wird, auch wenn ein passender Index existiert:

```
SELECT LastName, FirstName
FROM Person.Person WITH (INDEX=0)
WHERE LastName = 'Wood'
```

Das Gegenstück hierzu ist der Hinweis *FORCESEEK*, mit dem ein Zugriff über einen Index Seek erzwungen wird:

```
SELECT LastName
FROM Person.Person WITH (FORCESEEK)
WHERE LastName LIKE 'Wood'
```

Ist die Abfrage für einen Index Seek aber zu abwegig (z. B. wenn Sie in dem obigen Beispiel die *WHERE*-Bedingung weglassen), kann es sein, dass SQL Server die Ausführung der Abfrage komplett verweigert und stattdessen folgende Fehlermeldung bringt:

Meldung 8622, Ebene 16, Status 1, Zeile 1

Der Abfrageprozessor konnte wegen der in der Abfrage definierten Hinweise keinen Abfrageplan erzeugen. Wiederholen Sie die Abfrage ohne Angabe von Hinweisen und ohne SET FORCEPLAN.

Der Tabellenhinweis *NOEXPAND* lässt sich nur im Zusammenhang mit indizierten Sichten nutzen und verhindert dann, dass die Sicht aufgelöst und auf die darunterliegenden Tabellen zugegriffen werden kann. Stattdessen wird der Zugriff auf die Indexdaten selbst erzwungen, als würde es sich um eine normale Tabelle handeln.

Das Setzen des Hinweises *NOWAIT* hat zur Folge, dass sofort ein Timeout auftritt, falls die Tabelle im Moment des Zugriffsversuchs gesperrt ist.

Wenn Daten besonders schnell in eine Tabelle eingefügt werden sollen, kann man bei Verwendung einer *INSERT*-Anweisung, die *OPENROWSET* mit *BULK*-Option nutzt, die Hinweise *IGNORE_CONSTRAINTS* und/oder *IGNORE_TRIGGERS* nutzen. Dadurch werden eventuell vorhandene Constraints nicht geprüft bzw. eventuell existierende Trigger nicht ausgeführt. Im Falle der Constraints werden diese dadurch allerdings als nicht glaubwürdig markiert, sodass eine Überprüfung des Constraints für die gesamte Tabelle notwendig wird, um wieder einen normalen Zustand herzustellen.

PROFITIPP: Wenn man maximale Performance beim Ändern von Daten erreichen will, ist es eine Überlegung wert, vom Datenbankdesign her völlig auf Constraints und Trigger zu verzichten. Somit entfällt die Zeit, die das datenbankseitige Prüfen der Constraints sowie die von Triggern ausgeführten Operationen benötigen. Dafür sollte die entsprechende Logik dann clientseitig von der Anwendung erledigt werden.

Es gibt noch eine ganze Reihe von weiteren Tabellenhinweisen, deren Auflistung den Rahmen allerdings sprengen würde. Eine vollständige Darstellung finden Sie im SQL Server Developer Center unter folgendem URL:

http://msdn.microsoft.com/en-us/library/ms187373.aspx

Abfragehinweise

Im Gegensatz zu den Tabellenhinweisen beziehen sich *Abfragehinweise* (engl. *Query Hints*) nicht auf den Zugriff einer einzelnen Tabelle, sondern auf die gesamte Abfrage. Daher werden sie auch nicht in der *FROM*-Klausel bei den Tabellen, sondern am Schluss der Abfrage hinter dem Schlüsselwort *OPTION* angegeben.

Eine Variante haben Sie bereits in Kapitel 2.5 kennen gelernt: Der Abfragehinweis *RECOMPILE* bewirkt, dass für die Abfrage ein neuer Ausführungsplan erstellt (und auch nicht für spätere Verwendung im Plan Cache gespeichert) wird.

Mit dem Abfragehinweis *OPTIMIZE FOR* können Sie bei Skripts oder gespeicherten Prozeduren erreichen, dass diese für einen bestimmten Variablen- oder Parameterwert optimiert werden.

Wird der Abfragehinweis nicht verwendet, so geschieht dies bei gespeicherten Prozeduren auf Basis des Werts, mit dem diese zum ersten Mal aufgerufen werden. Außerhalb von gespeicherten Prozeduren findet eine allgemeine Optimierung auf Basis der Statistiken statt. Letztere kann auch durch Kombination des *OPTIMIZE FOR*-Hinweises mit dem Schlüsselwort *UNKNOWN* für eine einzelne Variable oder für die gesamte Abfrage erzwungen werden.

Anschaulich wird dies an folgendem Beispiel, in dem eine Abfrage mit einer Variablen aufgerufen wird. Die erste Variante erzwingt eine Optimierung des Ausführungsplans für den Nachnamen *Wood*, obwohl die Variable einen anderen Wert beinhaltet. Die zweite Variante optimiert für einen unbekannten Wert der Variablen *@LastName*, während die dritte Variante generell auf unbekannte Variablenwerte hin optimiert:

```
DECLARE @LastName nvarchar(50);
SET @LastName = 'Miller';

SELECT * FROM Person.Person
WHERE LastName = @LastName
OPTION (OPTIMIZE FOR (@LastName = 'Wood'));

SELECT * FROM Person.Person
WHERE LastName = @LastName
OPTION (OPTIMIZE FOR (@LastName UNKNOWN));

SELECT * FROM Person.Person
WHERE LastName = @LastName
OPTION (OPTIMIZE FOR UNKNOWN);
```

Listing 4.9: Optimierung der Abfrage für bestimmte Variablenwerte

Der Sinn oder Unsinn dieser Varianten macht sich allerdings erst bei wiederholter Verwendung des so erstellten Ausführungsplans bemerkbar.

In diesem Zusammenhang sind auch die Abfragehinweise *PARAMETERIZATION SIMPLE* und *PARAMETERIZATION FORCED* zu sehen, mit denen man die einfache oder erzwungene Autoparametrisierung für eine Abfrage erzwingen kann (unabhängig von der datenbankseitigen Voreinstellung).

Mit *MAXDOP n* (mit ganzzahligem Wert *n*) lässt sich die Anzahl der Threads begrenzen, die für die Abarbeitung der Abfrage maximal genutzt werden[3]. Dies spielt sicherlich nur bei länger laufenden Abfragen eine Rolle, da ansonsten ohnehin keine Aufteilung auf mehrere Threads stattfindet.

Die Option *FAST n* (wobei *n* wiederum für eine ganze Zahl steht) optimiert den Ausführungsplan daraufhin, dass möglichst schnell *n* Ergebniszeilen zurückgegeben werden können. Anschließend wird der Rest des Ergebnisses erzeugt.

Auch Tabellenhinweise lassen sich mit der Syntax für Abfragehinweise angeben. Damit würde die Abfrage ...

```
SELECT LastName, FirstName
FROM Person.Person WITH (INDEX=0)
WHERE LastName = 'Wood'
```

... zum gleichen Ausführungsplan führen wie die folgende Variante:

```
SELECT LastName, FirstName
FROM Person.Person
WHERE LastName = 'Wood'
OPTION (TABLE HINT(Person.Person, INDEX(0)))
```

3 Das *DOP* in *MAXDOP* steht für Degree of Parallellism, also den Parallelitätsgrad.

Tabellenhinweise, die als Abfragehinweise angegeben werden, haben Vorrang vor Tabellenhinweisen, die in der *FROM*-Klausel stehen.

Wie bereits bei den Tabellenhinweisen, wurde auch von den Abfragehinweisen hier aus Platzgründen nur ein kleiner Ausschnitt aufgelistet. Eine vollständige Beschreibung finden Sie im *SQL Server Developer Center* unter folgendem URL:

http://msdn.microsoft.com/en-us/library/ms181714.aspx

Plan Guides

Nicht immer hat man die Möglichkeit, eine Abfragedefinition zu ändern. Insbesondere dann, wenn der Quelltext zu einer fertigen Anwendung nicht verfügbar ist, lassen sich natürlich auch die einzelnen Abfragen nicht direkt anpassen. Seit SQL Server 2005 gibt es jedoch auch in solchen Fällen noch eine Möglichkeit, eine gezielte Optimierung zu betreiben.

So lässt sich mithilfe der Systemprozedur *sp_create_plan_guide* für den zuletzt vorgenommenen Tabellenhinweis auch ein entsprechender Plan Guide erstellen:

```
exec sp_create_plan_guide
@name = N'TestPlanGuide',
@stmt = N'SELECT LastName, FirstName FROM Person.Person
                                WHERE LastName = ''Wood''',
@type = N'SQL',
@module_or_batch = NULL,
@params = NULL,
@hints = N'OPTION (TABLE HINT
(Person.Person, INDEX(0)))';
GO
```

Listing 4.10: Erstellung eines Plan Guides

Wird anschließend die Abfrage in derselben Form aufgerufen, so greift der Tabellenhinweis und verhindert die Nutzung eines vorhandenen nicht gruppierten Index. Verändert man allerdings die Abfrage nur minimal (sei es durch einen zusätzlichen Zeilenumbruch oder einen anderen Vergleichswert), so greift der Plan Guide nicht mehr.

```
-- Abfragevariante, die den Plan Guide nutzt
SELECT LastName, FirstName FROM Person.Person WHERE
                                            LastName = 'Wood'

-- Abfragevarianten, die den Plan Guide nicht nutzen
SELECT LastName, FirstName
FROM Person.Person
WHERE LastName = 'Wood'

SELECT LastName, FirstName FROM Person.Person WHERE
                                          LastName = 'Miller'
```

Listing 4.11: Nicht alle Abfragevarianten nutzen den Plan Guide

Um das Problem mit den unterschiedlichen Vergleichswerten zu lösen, lassen sich auch in Plan Guides Parameter nutzen.

```
-- Plan Guide um (nonclustered) Indexnutzung zu
                                                    vermeiden
exec sp_create_plan_guide
@name = N'TestPlanGuide2',
@stmt = N'SELECT LastName, FirstName FROM Person.Person
                                      WHERE LastName = @0',
@type = N'SQL',
@module_or_batch = NULL,
@params = N'@0 nvarchar(50)',
@hints = N'OPTION (TABLE HINT
(Person.Person, INDEX(0)))';
GO
```

Listing 4.12: Erstellung eines Plan Guides mit einem Parameter

Dazu gibt es ein paar weitere Systemprozeduren, über die sich Plan Guides deaktivieren und wieder aktivieren oder sogar ganz löschen lassen:

```
-- Plan Guide deaktivieren
EXEC sp_control_plan_guide N'DISABLE', N'TestPlanGuide';

-- Plan Guide aktivieren
EXEC sp_control_plan_guide N'ENABLE', N'TestPlanGuide';

-- Plan Guide löschen
EXEC sp_control_plan_guide N'DROP', N'TestPlanGuide';
```

Listing 4.13: Deaktivieren, Aktivieren und Löschen von Plan Guides

Plan Guides bilden somit eine separate Schicht für Optimierungshinweise, die quasi zwischen der Anwendung und der Datenbank liegt.

HINWEIS: Plan Guides können im Prinzip auch zusammen mit O/R-Mappern wie beispielsweise LINQ to SQL oder dem .NET Entity Framework genutzt werden, um die Ausführung der generierten SQL-Anweisungen zu beeinflussen. Allerdings ist hier die Gefahr relativ groß, dass ein Plan Guide nicht greift, weil die generierte Abfrage von der erwarteten Vorlage eventuell minimal abweicht.

4.7 Parametrisierung von Abfragen

Die Parametrisierung von Abfragen wurde bereits in Kapitel 2.6 ausführlich behandelt. Neben der dort beschriebenen Variante zur expliziten Parametrisierung ist auch die Nutzung der gespeicherten Systemprozedur *sp_executesql* möglich. Letzteres ermöglicht es, Typ und Inhalt der Parameter zusammen mit der Abfrage in einer Anweisung zu definieren. Damit führen die beiden folgenden Varianten zum selben Ergebnis:

```
-- explizite Parametrisierung durch vorher definierte
                                              Variablen
DECLARE @LastName NVARCHAR(50)
SET @LastName = 'Gonzalez'
EXEC ('SELECT * FROM Person.Person WHERE LastName =
                                   ''' + @LastName + '''')

-- explizite Parametrisierung durch sp_executesql
exec sp_executesql N'SELECT * FROM Person.Person WHERE
                                    LastName = @LastName',
N'@LastName nvarchar(50)', @LastName=N'Gonzalez'
```

Listing 4.14: Explizite Parametrisierung von Abfragen

Sinn und Zweck der Parametrisierung von Abfragen ist es, die Wiederverwendbarkeit von Ausführungsplänen zu ermöglichen. Dazu wird auch der Speicherbedarf des Plan Cache gering gehalten, wenn nicht für jede neue Variante derselben Abfrage ein neuer Plan erzeugt werden muss.

Abfrageübergreifende Optimierung

Nachdem wir im vorhergehenden Kapitel genauer betrachtet haben, wie sich einzelne Abfragen optimieren lassen, geht es im Folgenden darum, wie sich aus mehreren SQL-Anweisungen bestehende Skripts optimieren lassen. Dabei spielen sowohl Sperren und Transaktionen eine Rolle als auch die Aufteilung der Logik auf einzelne SQL-Anweisungen. Manchmal lässt sich durch Zusammenfassen von Anweisungen ein Performancegewinn erzielen, teilweise aber auch durch bewusstes Aufteilen in mehrere Teilschritte.

5.1 Sperren und Transaktionen

Das Thema Sperren und Transaktionen wurde bereits im vorherigen Kapitel und noch genauer in Kapitel 3 behandelt, da es sich um ein allgemeines Thema handelt, das für alle Arten des Datenzugriffs (egal ob über SQL, ein Datenbank-API wie ADO.NET oder aber ein ETL-Tool wie beispielsweise die SQL Server Integration Services) relevant ist.

Im Umfeld von reinem SQL – also beispielsweise in gespeicherten Prozeduren – ist zumindest ein Warten auf eine Benutzerinteraktion eher unwahrscheinlich, sodass dieser Teilaspekt hier kaum eine Gefahr darstellt. Trotzdem muss man sich – insbesondere bei Skripten mit längerer Laufzeit – Gedanken machen, ob und in welchem Umfang für diese Skripte explizite Transaktionen sinnvoll sind.

Für größere Batch-Läufe, die zu Zeiten stattfinden, in denen keine Anwender mit der Datenbank arbeiten, bieten sich große Transaktionen und restriktive Sperren, beispielsweise auf Tabellenebene, an. Das erspart den Zusatzaufwand, der eventuell nötig ist, um einzelne Zeilen oder Speicherseiten zu sperren und diese Sperren dann per Lock Escalation auf die gesamte Tabelle auszuweiten.

Bei Skripten, die zur normalen Arbeitszeit auf operativen Datenbanken ausgeführt werden, sollten Transaktionen eher möglichst klein sein und auch die Sperren nur dort gesetzt werden, wo sie nötig sind, um Wartezeiten von anderen Prozessen und auch das Risiko von Deadlocks zu minimieren.

Während Transaktionen über die einfachen SQL-Anweisungen *BEGIN TRANSACTION*, *COMMIT TRANSACTION* und *ROLLBACK TRANSACTION* zu steuern sind, lässt sich das Setzen von Sperren auf viele verschiedene Weisen beeinflussen. Für einzelne Abfragen ist es über Tabellenhinweise möglich, für ganze Transaktionen kann es über das Setzen der richtigen Transaktionsisolationsstufe geschehen. So ist es gängige Praxis für Abfragen, bei denen es nicht auf hundertprozentige Konsistenz der Daten ankommt, die Isolationsstufe mit folgender Anweisung auf READ UNCOMMITTED zu setzen:

```
SET TRANSACTION ISOLATION LEVEL
READ UNCOMMITTED
```

Dadurch wird beim Lesen von Daten nicht auf das Beenden von offenen Transaktionen gewartet, und auch der Lesevorgang selbst sperrt die Daten nicht unnötig.

Auch für spezielle SQL-Konstrukte, wie beispielsweise die weiter unten in diesem Kapitel behandelten SQL-Cursor gibt es entsprechende Hinweise, mit denen sich der Sperrmodus der dazu gehörenden Abfrage steuern lässt.

5.2 Abfragen zusammenfassen

Oft lassen sich mehrere Einzelabfragen zu einer gemeinsamen Abfrage zusammenfassen, wobei entsprechende Synergieeffekte genutzt werden können, da manche Daten dann nicht mehr vielfach abgefragt werden müssen. Dazu eröffnen sich dem Abfrageoptimierer durch das Zusammenfassen von mehreren Einzelabfragen oft auch weitere Optimierungsmöglichkeiten, da der Weg zum Gesamtergebnis noch weniger vorgeschrieben ist.

UNION SELECT vermeiden

Das *UNION SELECT*-Konstrukt bietet die Möglichkeit, Abfragen mit derselben Ergebnisstruktur (Anzahl und Typ der Spalten) zu einer zusammenzufassen. Intern werden die Abfragen aber dennoch getrennt ausgeführt und anschließend deren Ergebnisse aneinandergehängt, sodass es sich hierbei im Prinzip nach wie vor um separate Abfragen handelt:

```
SELECT BusinessEntityID, PhoneNumber,
  'Mobil' AS Typ
FROM Person.PersonPhone
WHERE PhoneNumberTypeID=1
UNION
SELECT BusinessEntityID, PhoneNumber, 'Privat'
FROM Person.PersonPhone
WHERE PhoneNumberTypeID=2
UNION
SELECT BusinessEntityID, PhoneNumber, 'Arbeit'
FROM Person.PersonPhone
WHERE PhoneNumberTypeID=1
```

Listing 5.1: UNION SELECT zur Unterscheidung von drei Varianten

Am Ausführungsplan ist zu erkennen, dass die Tabelle *Person.PersonPhone* hier insgesamt dreimal durchlaufen werden muss. Durch geschickte Verwendung von *CASE WHEN* lassen sich die drei Abfragen zu einer zusammenfassen, wobei der *IN*-Operator in der *WHERE*-Klausel genutzt wird, um sicherzustellen, dass nur die Zeilen der ursprünglichen drei Abfragen auch im Ergebnis landen:

```
SELECT BusinessEntityID, PhoneNumber, CASE
  WHEN PhoneNumberTypeID = 1 THEN 'Mobil'
  WHEN PhoneNumberTypeID = 2 THEN 'Privat'
  WHEN PhoneNumberTypeID = 3 THEN 'Arbeit'
  END AS Typ
FROM Person.PersonPhone
WHERE PhoneNumberTypeID IN (1,2,3)
```

Listing 5.2: CASE WHEN zur Unterscheidung der drei Varianten

Bei Ausführung dieser Variante wird die Tabelle *Person.PersonPhone* nur noch einmal durchlaufen, wodurch der Aufwand auf etwa ein Drittel der ursprünglichen Variante reduziert wird.

Datenänderungen mit der MERGE-Anweisung zusammenfassen

Wenn Daten in einer Zieltabelle mit Daten aus einer Importtabelle aktualisiert werden sollen, sind dafür normalerweise getrennte SQL-Anweisungen für das Einspielen fehlender Daten sowie das Aktualisieren bestehender Datensätze nötig.

```
INSERT INTO Person.Person (BusinessEntityID, PersonType,
                                        FirstName, LastName)
SELECT BusinessEntityID, PersonType, FirstName, LastName
FROM Person.PersonImport
WHERE BusinessEntityID NOT IN (SELECT BusinessEntityID
                                         FROM Person.Person)
```

```
UPDATE pers
SET pers.PersonType = import.PersonType,
    pers.FirstName = import.FirstName,
    pers.LastName = import.LastName
FROM Person.Person AS pers
    INNER JOIN Person.PersonImport AS import
        ON pers.BusinessEntityID = import.
                                            BusinessEntityID
```

Listing 5.3: Getrennte SQL-Anweisungen zum Abgleichen zweier Tabellen

---

HINWEIS: In der Praxis tritt diese Problematik häufig bei Adressdaten auf (wenn beispielsweise von Agenturen zusätzliche Adressdaten eingekauft wurden, die in den eigenen Adressbestand eingespielt werden sollen). Auch für das Aktualisieren von Data Warehouses wird oft ein ähnliches Verfahren genutzt.

Seit SQL Server 2008 gibt es mit dem MERGE-Statement die Möglichkeit, die oben beschrieben Aktionen zum Einfügen und Aktualisieren in einer einzigen Anweisung auszuführen.

```
MERGE INTO Person.Person AS pers
USING Person.PersonImport AS import
    ON pers.BusinessEntityID=import.BusinessEntityID
WHEN MATCHED
    THEN UPDATE
        SET pers.PersonType = import.PersonType,
            pers.FirstName = import.FirstName,
            pers.LastName = import.LastName
WHEN NOT MATCHED
    THEN INSERT (BusinessEntityID, PersonType,
                                    FirstName, LastName)
        VALUES (import.BusinessEntityID, import.
                                            PersonType,
            import.FirstName, import.LastName);
```

Listing 5.4: INSERT und UPDATE in einer MERGE-Anweisung kombiniert

HINWEIS: Aufgrund der Kombination aus *UPDATE* und *INSERT* wird die *MERGE*-Anweisung umgangssprachlich oft auch als »UPSERT« bezeichnet.

Ein Vergleich der Ausführungspläne beider Varianten ist in diesem Fall weniger sinnvoll, da sie hier sehr unübersichtlich werden. Man kann sich aber vorstellen, dass Ziel- und Importtabelle bei den einzelnen Anweisungen mehrfach durchlaufen werden, während sie beim *MERGE* nur einmal gejoint werden müssen und dann für jeden Datensatz die entsprechende Änderungsaktion ausgeführt wird. Außerdem ist zu erwarten, dass nicht nur die Anzahl der Lesezugriffe deutlich geringer wird, sondern die Zieltabelle auch effektiver für die Datenänderungen gesperrt werden kann, da die gesamte Aktion durch die Umstellung auf eine SQL-Anweisung auch als eine implizite Transaktion ausgeführt wird.

Während der *MERGE*-Befehl Bestandteil des SQL-Standards ist, wurde er in T-SQL noch insofern erweitert, dass selbst das Löschen von im Ziel nicht vorhandenen Zeilen mit derselben Anweisung ausgeführt werden kann. Anstelle der folgenden *DELETE*-Anweisung ...

```
DELETE FROM Person.Person
WHERE BusinessEntityID NOT IN
    (SELECT BusinessEntityID
    FROM Person.PersonImport)
```

... kann man daher die *MERGE*-Anweisung wie folgt erweitern:

```
MERGE INTO Person.Person AS pers
USING Person.PersonImport AS import
    ON pers.BusinessEntityID=import.BusinessEntityID
WHEN MATCHED
    THEN UPDATE
        SET pers.PersonType = import.PersonType,
```

```
            pers.FirstName = import.FirstName,
            pers.LastName = import.LastName
WHEN NOT MATCHED
    THEN INSERT (BusinessEntityID, PersonType,
                                       FirstName, LastName)
        VALUES (import.BusinessEntityID, import.
                                                PersonType,
            import.FirstName, import.LastName)
WHEN NOT MATCHED BY SOURCE THEN
    DELETE;
```

Listing 5.5: MERGE-Anweisung mit INSERT, UPDATE und DELETE

5.3 Zwischenergebnisse speichern

SQL Server versucht nach Möglichkeit, oft benötigte Daten möglichst lange im Hauptspeicher zu halten, damit sie nicht mehrfach gelesen werden müssen. Dasselbe Prinzip kann man aber auch explizit anwenden, indem man temporäre Tabellen und Tabellenvariablen nutzt. Selbst dann, wenn diese nicht im Hauptspeicher gehalten werden können, kann es insbesondere bei komplexeren Abläufen schneller sein, mehrfach benötigte Zwischenergebnisse aus einer temporären Tabelle zu lesen, als sich die Daten mehrfach aus verschiedenen Tabellen wieder zusammensuchen zu müssen.

HINWEIS: Dieser Abschnitt steht ein wenig im Gegensatz zu Kapitel 5.2, da durch die Verwendung von Zwischenergebnissen Abfragen in mehrere Abfragen aufgeteilt werden und dadurch auch der Ausführungsweg teilweise vorgegeben wird. Das entscheidende Kriterium für ein Zusammenfassen oder das Aufsplitten von Abfragen ist aber, ob die Zwischenergebnisse mehrfach benötigt werden oder nicht.

Insbesondere im Zusammenhang mit Datenänderungsoperationen ist das Aufsplitten in mehrere Abfragen meist sinnvoll, da die

Schreibsperren dann nicht so lange bestehen müssen, wenn die vielleicht komplexe und zeitaufwändige Auswahl der zu ändernden Zeilen in einer reinen *SELECT*-Abfrage vorweggenommen wurde. Sind Änderungen in mehreren Tabellen nötig, so hat dies auch mehrere DML-Anweisungen zur Folge. Durch die Vorauswahl wird vermieden, dass die DML-Anweisungen die Logik zur Auswahl der Datensätze mehrfach ausführen müssen.

Temporäre Tabellen

Das folgende – vielleicht etwas konstruierte – Beispiel veranschaulicht dies. Hier sollen alle Personen mit Vornamen *Steven* und *PersonType='IN'*, die zu einem Kunden gehören, der Bestellungen mit mehr als drei Positionen ausgeführt hat, ausgewählt werden. Dazu sollen die Personendatensätze in eine separate Tabelle kopiert und bei den betreffenden Bestellungen soll ein Kommentar gespeichert werden.

Um die IDs für die DML-Operationen in einer temporären Tabelle *#Temp* abzulegen, wird folgende Abfrage verwendet:

```
SELECT pers.BusinessEntityID, soh.SalesOrderID
INTO #Temp
FROM Person.Person AS pers
    INNER JOIN Sales.Customer AS cust ON pers.
                                BusinessEntityID=cust.PersonID
    INNER JOIN Sales.SalesOrderHeader AS soh ON cust.
                                     CustomerID=soh.CustomerID
    INNER JOIN Sales.SalesOrderDetail AS sod
        ON soh.SalesOrderID=sod.SalesOrderID
WHERE pers.FirstName='Steven' AND pers.PersonType='IN'
GROUP BY pers.BusinessEntityID, soh.SalesOrderID
HAVING count(*)>2
```

Nach Ausführung dieser Abfrage, die sowohl einen Clustered Index Scan als auch einen Non-clustered Index Scan benötigt, befinden sich neun Datensätze in der temporären Tabelle. Diese kann nun für verhältnismäßig einfach zu schreibende DML-Operationen genutzt werden. So kopiert die folgende Anweisung die entsprechenden Personenzeilen in eine neue Tabelle mit Namen *StevensWithMoreThanTwoItemsPerOrder*:

```
SELECT *
INTO StevensWithMoreThanTwoItemsPerOrder
FROM Person.Person
WHERE BusinessEntityID
  IN (SELECT BusinessEntityID FROM #Temp)
```

Mit dem folgenden Update dagegen wird in den passenden Zeilen der *Sales.SalesOrderHeader*-Tabelle ein Kommentar hinterlegt:

```
UPDATE Sales.SalesOrderHeader
SET Comment = 'Test'
WHERE SalesOrderID
  IN (SELECT SalesOrderID FROM #Temp)
```

Ohne die temporäre Tabelle müsste die komplexe Abfrage sowohl in die *UPDATE*- als auch in die *SELECT INTO*-Anweisung integriert werden:

```
SELECT *
INTO StevensWithMoreThanTwoItemsPerOrder
FROM Person.Person AS pers2
WHERE EXISTS
(SELECT pers.BusinessEntityID, soh.SalesOrderID
FROM Person.Person AS pers
    INNER JOIN Sales.Customer AS cust ON pers.
                              BusinessEntityID=cust.PersonID
    INNER JOIN Sales.SalesOrderHeader AS soh ON cust.
                                   CustomerID=soh.CustomerID
```

```
    INNER JOIN Sales.SalesOrderDetail AS sod
        ON soh.SalesOrderID=sod.SalesOrderID
WHERE pers.FirstName='Steven' AND pers.PersonType='IN'
GROUP BY pers.BusinessEntityID, soh.SalesOrderID
HAVING count(*)>2 AND pers.BusinessEntityID=pers2.
                                        BusinessEntityID)

UPDATE Sales.SalesOrderHeader
SET Comment = 'Test'
FROM Sales.SalesOrderHeader AS soh2
WHERE EXISTS
(SELECT pers.BusinessEntityID, soh.SalesOrderID
FROM Person.Person AS pers
    INNER JOIN Sales.Customer AS cust ON pers.
                           BusinessEntityID=cust.PersonID
    INNER JOIN Sales.SalesOrderHeader AS soh ON cust.
                               CustomerID=soh.CustomerID
    INNER JOIN Sales.SalesOrderDetail AS sod
        ON soh.SalesOrderID=sod.SalesOrderID
WHERE pers.FirstName='Steven' AND pers.PersonType='IN'
GROUP BY pers.BusinessEntityID, soh.SalesOrderID
HAVING count(*)>2 AND soh.SalesOrderID=soh2.SalesOrderID)
```

Listing 5.6: Ohne Verwendung der temporären Tabelle sind zwei komplexe Abfragen nötig

Vergleicht man beide Varianten anhand der Ausführungspläne, so zeigt sich, dass jede der beiden DML-Operationen ohne Nutzung der temporären Tabelle fast denselben Aufwand verursacht wie das Füllen der temporären Tabelle. Die DML-Operationen auf Basis der temporären Tabelle verursachen aber jeweils nur ein Sechstel davon. Damit liegt der Gesamtaufwand bei Nutzung der temporären Tabelle insgesamt bei etwa 2/3 des sonst notwendigen Aufwands. Hier konnte also ein deutlicher Performancegewinn erreicht werden.

Tabellenvariablen

Anstelle der temporären Tabelle hätte man auch eine Tabellenvariable verwenden können, die aber vorher definiert werden muss. Anschließend muss auch anstelle des *SELECT INTO* ein *INSERT INTO* verwendet werden, da die Tabellenvariable im Gegensatz zur temporären Tabelle dann ja bereits vorhanden ist.

```
DECLARE @TableVar AS TABLE (BusinessEntityID int,
                                       SalesOrderID int)

INSERT INTO @TableVar (BusinessEntityID, SalesOrderID)
SELECT pers.BusinessEntityID, soh.SalesOrderID
FROM Person.Person AS pers
    INNER JOIN Sales.Customer AS cust ON pers.
                           BusinessEntityID=cust.PersonID
    INNER JOIN Sales.SalesOrderHeader AS soh ON cust.
                                CustomerID=soh.CustomerID
    INNER JOIN Sales.SalesOrderDetail AS sod
        ON soh.SalesOrderID=sod.SalesOrderID
WHERE pers.FirstName='Steven' AND pers.PersonType='IN'
GROUP BY pers.BusinessEntityID, soh.SalesOrderID
HAVING count(*)>2
```

Listing 5.7: Einfügen von Daten in die Tabellenvariable

Bei den folgenden DML-Operationen muss dann nur noch die temporäre Tabelle (*#Temp*) durch den Namen der Tabellenvariablen (*@TableVar*) ersetzt werden.

Vorteil der Tabellenvariablen ist, dass diese standardmäßig im Hauptspeicher gehalten und nur dann in der *TempDB* zwischengespeichert wird, wenn der verfügbare Hauptspeicher nicht ausreicht. Dadurch ist diese Variante im direkten Vergleich unter Umständen noch etwas schneller. Allerdings stehen die Inhalte der Tabellenvariablen nur während der Dauer einer Skriptausführung zur Verfügung. Wenn Sie ein Skript also in mehreren Teilschritten ausführen wollen, sind temporäre Tabellen die bessere Wahl.

5.4 SQL Cursor

Funktionsweise eines SQL Cursor

SQL ist vom Grundansatz her eigentlich eine deklarative Sprache, in der lediglich beschrieben wird, welche Daten benötigt werden, sodass der Abfrageoptimierer sich anschließend den vermeintlich besten Weg suchen kann, auf diese Daten zuzugreifen. Da sich die Ergebnismengen oft auf mehrere Datenzeilen erstrecken, spricht man auch von einer mengenorientierten Verarbeitung der Daten.

Mit dem Cursor-Sprachkonstrukt bietet die Sprache SQL im Allgemeinen (und Microsofts T-SQL im Speziellen) aber auch eine Möglichkeit, satzweise auf die Daten zuzugreifen, indem der Weg des Zugriffs (oder zumindest ein Teil davon) explizit vorgegeben wird. Dabei hat der Begriff „Cursor" natürlich nichts mit einem Text- oder Mauscursor zu tun, sondern steht für **Cur**rent **Se**t **o**f **R**ecords und meint die Menge an Datensätzen, die zeilenweise bearbeitet wird.

Im Normalfall wird der Cursor durch eine *SELECT*-Abfrage definiert, die dann in einer Schleife satzweise durchlaufen wird. Dies entspricht im Prinzip dem Vorgehen, das in der Anwendungsentwicklung von ADO Recordsets oder auch ADO.NET DataReadern verwendet wird. Hier ein einfaches Beispiel für einen SQL-Cursor:

```
DECLARE curPerson CURSOR
    FOR SELECT BusinessEntityID, FirstName, LastName
                                      FROM Person.Person

DECLARE
    @BusinessEntityID int,
    @FirstName nvarchar(50),
    @LastName nvarchar(50)
```

```
OPEN curPerson
FETCH NEXT FROM curPerson INTO @BusinessEntityID,
                                   @FirstName, @LastName
WHILE (@@fetch_status <> -1)
BEGIN
    IF (@LastName = 'Miller')
        SELECT @BusinessEntityID, @FirstName, @LastName

    FETCH NEXT FROM curPerson INTO @BusinessEntityID,
                                   @FirstName, @LastName
END
CLOSE curPerson
DEALLOCATE curPerson
GO
```

Listing 5.8: Ein einfacher SQL Cursor

Nachdem der Cursor mithilfe einer *SELECT*-Abfrage definiert wurde, wird er geöffnet und die erste Zeile daraus in die entsprechenden Variablen gelesen. Anschließend wird die Zeile ausgegeben (sofern der Nachname *Miller* ist) und die nächste Zeile wird gelesen. Dies wird so lange wiederholt, bis die Systemvariable *@@fetch_status* den Wert *-1* annimmt, wodurch das Ende der Abfrage angezeigt wird.

Schließlich wird der Cursor geschlossen und der Speicher durch die Anweisung *DEALLOCATE* wieder freigegeben.

Da SQL Server auf mengenbasierte Verarbeitung ausgelegt ist, wird die Verwendung von SQL Cursor normalerweise nicht empfohlen. Schließlich wird die Möglichkeit der automatischen Abfrageoptimierung bei einem SQL Cursor dadurch eingeschränkt, dass der Ausführungsweg explizit vorgegeben wird. Dazu kommen noch ein paar weitere Nachteile:

- Cursor sind aufwändig zu implementieren
- Cursor haben ein ungünstiges Sperrverhalten
- Cursor sind in der Ausführung vergleichsweise langsam

Daher gibt es verschiedene Ansätze, wie man SQL Cursor in „normale" SQL-Anweisungen umwandeln und damit dem Abfrageoptimierer den benötigten Spielraum schaffen kann. Dies ist nicht immer möglich, aber auch dann gibt es noch ein paar Regeln, die helfen können, die Performanceeinbußen möglichst gering zu halten.

Umwandeln eines SQL Cursors

Vielleicht haben Sie es schon gemerkt, das weiter oben dargestellte Cursor-Beispiel macht eigentlich nichts anderes als die folgende SQL-Abfrage:

```
SELECT BusinessEntityID, FirstName, LastName
FROM Person.Person
WHERE LastName = 'Miller'
```

Die hier dargestellte Variante arbeitet natürlich deutlich effektiver. Aber leider ist es nicht immer so trivial, einen SQL Cursor in mengenbasierte SQL-Operationen umzuwandeln.

Im folgenden, etwas komplexeren Beispiel soll die Personentabelle nach allen Einträgen mit Nachnamen *Whitney* durchsucht und dazu die Anzahl der Einträge sowie eine kommagetrennte Liste der Vornamen ausgegeben werden.

Mit einem SQL Cursor kann dies gelöst werden, indem ein Cursor definiert wird, der über die Tabelle läuf, in zwei separaten Variablen die Anzahl Zeilen mitzählt und die Vornamensliste jeweils ergänzt.

```
DECLARE curPers CURSOR
    FOR SELECT LastName, FirstName FROM Person.Person
                               WHERE LastName='Whitney'

DECLARE @LastName nvarchar(50),
    @FirstName nvarchar(50),
    @FirstNames nvarchar(max),
    @Anzahl int

OPEN curPers
FETCH NEXT FROM curPers INTO @LastName, @FirstName
SET @FirstNames = ''
SET @Anzahl = 0
WHILE (@@fetch_status <> -1)
BEGIN
    SET @Anzahl = @Anzahl+1
    IF @Anzahl>1
        SET @FirstNames = @FirstNames + ', '
    SET @FirstNames = @FirstNames + @FirstName

    FETCH NEXT FROM curPers INTO @LastName, @FirstName
END
CLOSE curPers
DEALLOCATE curPers
SELECT @LastName AS Lastname, @FirstNames AS FirstNames,
                                          @Anzahl AS Anzahl
```

Listing 5.9: Cursor zum Erstellen einer kommagetrennten Liste

Will man den Cursor vermeiden, bietet sich beispielsweise eine Variante mit einer rekursiven *Common Table Expression* an, die alle Kombinationen von Vornamen in einer bestimmten Reihenfolge zusammen mit deren Anzahl bestimmt und anschließend die längste davon als Ergebnis auswählt.

```
WITH Pers_CTE AS
    (SELECT BusinessEntityID, LastName,
        convert(nvarchar(max), FirstName) AS FirstNames,
                                                1 AS Anzahl
    FROM Person.Person
    WHERE LastName='Whitney'

    UNION ALL

    SELECT pers.BusinessEntityID, pers.LastName,
        convert(nvarchar(max),
        pers.FirstName + ', ' + Pers_CTE.FirstNames) AS
                                                FirstNames,
        Pers_CTE.Anzahl+1 AS Anzahl
    FROM Person.Person pers
        INNER JOIN Pers_CTE ON pers.LastName=Pers_CTE.
                                                  LastName
    WHERE pers.BusinessEntityID<Pers_CTE.
                                         BusinessEntityID)
SELECT TOP 1 LastName, FirstNames, Anzahl
FROM Pers_CTE
ORDER BY Anzahl DESC
```

Listing 5.10: Verwendung einer Common Table Expression zur Erstellung der kommagetrennten Liste

Führt man beide Varianten auf einmal aus und vergleicht dabei die beim tatsächlichen Ausführungsplan angegebenen Abfragekosten, so ist zu sehen, dass der Cursor mit 4 * 17 % = 68 % deutlich aufwändiger ist als die Variante mit Common Table Expression, die mit lediglich 34 % angegeben ist[1].

1 Die insgesamt 102 % (68 % + 34 %) ergeben sich vermutlich aus einem Rundungsfehler. Vermutlich sind es eher 4 * 16,5 %, die in der Anzeige zu jeweils 17 % aufgerundet werden.

Noch einfacher und effektiver kann man die Aufgabenstellung aber mit geschickter Nutzung von Variablenzuweisungen innerhalb einer einfachen SQL-*SELECT*-Anweisung lösen.

```
DECLARE @FirstNames nvarchar(max),
    @Anzahl int

SET @FirstNames = ''
SET @Anzahl = 0

SELECT @FirstNames =
    @FirstNames + (CASE WHEN @Anzahl>0 THEN ', ' ELSE '
                                    ' END) + FirstName,
    @Anzahl = @Anzahl + 1
FROM Person.Person
WHERE LastName='Whitney'

SELECT 'Whitney' AS Lastname, @FirstNames AS FirstNames,
                                    @Anzahl AS Anzahl
```

Listing 5.11: Verwendung von Variablenzuweisungen im SQL-„SELECT"

Vergleicht man nun alle drei Varianten anhand der Abfragekosten, so ergeben sich für die Variante mit SQL-Cursor 4 * 16 % = 64 %, bei Verwendung einer Common Table Expression 33 % und bei der Variablenzuweisung in der *SELECT*-Anweisung lediglich 3 %.

Diese Variante ist die effektivste, da die Tabelle wie beim Cursor nur einmal durchlaufen wird, dies hier aber nicht in mehreren Einzelzugriffen, sondern mit einem Gesamt-*SELECT* erfolgt. Die CTE-Variante ist zwar auch eine einzige Abfrage, die aber eine höhere Komplexität hat und die Tabelle mehrfach durchläuft.

Optimierung eines SQL Cursors

Sofern sich ein SQL Cursor aufgrund seiner Komplexität nicht vermeiden lässt, kann man zumindest dessen Ausführung durch Befolgung von ein paar einfachen Regeln möglichst performant gestalten. Der sicherlich offensichtlichste Ansatz liegt darin, die *SELECT*-Anweisung, die für die Cursor-Definition verwendet wird, möglichst gut zu optimieren. Dafür gelten dieselben Regeln wie für jede andere *SELECT*-Anweisung auch (siehe Kapitel 4). Insbesondere die möglichst genaue Vorselektion der benötigten Daten ist hier noch einmal hervorzuheben. Falls das Cursor-Beispiel von weiter oben also nicht in mengenbasierte Operationen umgestellt werden kann (z. B. weil innerhalb der Schleife ein Aufruf einer gespeicherten Prozedur zum Versenden einer Mail ergänzt wurde), so kann man diesen zumindest so weit optimieren, dass die Cursordefinition bereits die Einschränkung auf den Nachnamen *Miller* beinhaltet:

```
DECLARE curPerson CURSOR
    FOR SELECT BusinessEntityID, FirstName, LastName
        FROM Person.Person
        WHERE LastName = 'Miller'

DECLARE
    @BusinessEntityID int,
    @FirstName nvarchar(50),
    @LastName nvarchar(50)

OPEN curPerson
FETCH NEXT FROM curPerson INTO @BusinessEntityID,
                                @FirstName, @LastName
WHILE (@@fetch_status <> -1)
BEGIN
    SELECT @BusinessEntityID, @FirstName, @LastName
    FETCH NEXT FROM curPerson INTO @BusinessEntityID,
                                @FirstName, @LastName
```

```
END
CLOSE curPerson
DEALLOCATE curPerson
GO
```

Listing 5.12: Optimierung des Cursors durch restriktivere Selektion

Eine weitere Optimierung des Cursors kann erfolgen, indem man durch fest definierte Schlüsselworte bestimmte Attribute des Cursors setzt und dadurch beispielsweise das Sperrverhalten des Cursors beeinflusst. Wenn man die Cursordefinition wie folgt ändert, werden die Daten der entsprechenden Tabellen nur mit einem Shared Lock gesperrt, wodurch ein gleichzeitiges Lesen durch andere Prozesse möglich bleibt:

```
DECLARE curPerson CURSOR READ_ONLY
    FOR SELECT BusinessEntityID,
            FirstName, LastName
        FROM Person.Person
        WHERE LastName = 'Miller'
```

Ohne diesen Hinweis erfolgt eine restriktivere Sperre der Datenzeilen, da mit einem Cursor auch Daten der jeweils aktuellen Zeile bearbeitet werden können, was jedoch selten genutzt wird und normalerweise aus Performancegründen auch nicht zu empfehlen ist.

Hier eine Auflistung der aus Performancesicht wichtigsten Attribute:

- *FAST_FORWARD*: Nur vorwärts lesbarer Read-Only-Cursor (Kombination aus *FORWARD_ONLY* und *READ_ONLY*)
- *FORWARD_ONLY*: Kann nur vorwärts gelesen werden
- *READ_ONLY*: Verhindert Datenänderungen durch den Cursor

- *SCROLL_LOCKS*: Alle vom Cursor gelesenen Zeilen bleiben gesperrt und sind damit für spätere Änderungen innerhalb des Cursors gesichert verfügbar
- *OPTIMISTIC*: Sperrt keine Zeilen, die gelesen wurden, sondern führt stattdessen vor Aktualisierungen einen Prüfsummenvergleich durch, um festzustellen, ob die Daten inzwischen geändert wurden. Ist das der Fall, so schlägt die Aktualisierung fehl.
- *STATIC*: Cursor arbeitet mit temporärer Kopie der Daten (quasi einem Snapshot)
- *KEYSET*: Cursor arbeitet mit fester Reihenfolge und Zeilenauswahl, von anderen Prozessen geänderte Zeileninhalte sind aber sichtbar
- *DYNAMIC*: Cursor berücksichtigt alle Datenänderungen aus anderen Prozessen

Dies stellt nur einen Ausschnitt der verwendbaren Attribute dar. Eine vollständige Auflistung ist unter folgendem URL zu finden:

http://msdn.microsoft.com/de-de/library/ms180169.aspx

Sinnvolle Verwendung eines SQL Cursors

In ein paar Sonderfällen ist die Verwendung eines SQL Cursors sogar effektiver als die Nutzung von mengenbasierten SQL-Abfragen. Das klassische Beispiel hierzu ist die Erstellung von laufenden Summen (beispielsweise für einen Bericht).

Durch den Cursor muss die entsprechende Tabelle nur einmal durchlaufen werden und die laufende Summe wird dabei in einer Variablen mitgeführt. Mit einem SQL-*SELECT* ließe sich diese Problemstellung am ehesten durch Unterabfragen lösen, die zur Folge haben, dass die Tabelle zusätzlich für jeden Datensatz einmal (zumindest teilweise) durchlaufen werden muss, um die laufende Summe zu berechnen.

Schauen wir uns hierzu ein typisches Beispiel an. Die folgende Abfrage liefert zu den ersten 100 Bestellungen jeweils die *SalesOrderID*, das Versanddatum, die Frachtkosten sowie eine laufende Summe dazu, die über eine Unterabfrage berechnet wird:

```
SELECT TOP 100 SalesOrderID, ShipDate, Freight,
    (SELECT sum(Freight)
    FROM Sales.SalesOrderHeader AS soh2
    WHERE soh2.SalesOrderID <= soh.SalesOrderID)
    AS FreightSum
FROM Sales.SalesOrderHeader AS soh
```

Wenn man vor der Ausführung die Anzeige der Abfragestatistiken über die Anweisung *SET STATISTICS IO ON* aktiviert, zeigen sich zusätzlich zum eigentlichen Abfrageergebnis folgende Werte:

'Worktable'-Tabelle. Scananzahl 100, logische Lesevorgänge 63534*, physische Lesevorgänge 0, Read-Ahead-Lesevorgänge 0, logische LOB-Lesevorgänge 0, physische LOB-Lesevorgänge 0, Read-Ahead-LOB-Lesevorgänge 0.*

'SalesOrderHeader'-Tabelle. Scananzahl 2, logische Lesevorgänge 691*, physische Lesevorgänge 3, Read-Ahead-Lesevorgänge 691, logische LOB-Lesevorgänge 0, physische LOB-Lesevorgänge 0, Read-Ahead-LOB-Lesevorgänge 0.*

Interessant sind hier vor allem die Werte für die Scananzahl und die logischen Lesevorgänge.

HINWEIS: Die *Worktable*-Tabelle steht für eine temporäre Tabelle, die für die Ausführung einiger SQL-Abfragen verwendet wird. Dies ist insbesondere dann der Fall, wenn Unterabfragen oder Cursor verwendet werden.

Die Cursor-basierte Variante sieht wie folgt aus:

```
DECLARE curSalesOrders CURSOR READ_ONLY
    FOR SELECT TOP 100 SalesOrderID, ShipDate, Freight
        FROM Sales.SalesOrderHeader

DECLARE
    @SalesOrderID int,
    @ShipDate datetime,
    @Freight money,
    @FreightSum money

SET @FreightSum=0
OPEN curSalesOrders
FETCH NEXT FROM curSalesOrders INTO @SalesOrderID,
                                    @ShipDate, @Freight
WHILE (@@fetch_status <> -1)
BEGIN
    SET @FreightSum = @FreightSum + @Freight
    SELECT @SalesOrderID, @ShipDate, @Freight,
                                              @FreightSum
    FETCH NEXT FROM curSalesOrders INTO @SalesOrderID,
                                    @ShipDate, @Freight
END
CLOSE curSalesOrders
DEALLOCATE curSalesOrders
GO
```

Listing 5.13: Cursor zum Berechnen von laufenden Summen

Der wesentliche Unterschied ist dabei, dass die laufende Summe für die Frachtkosten hier nicht über eine Unterabfrage, sondern über eine Variable berechnet wird, die mit jedem Schleifendurchlauf erhöht wird. Die Abfragestatistiken sehen nun etwas unübersichtlicher aus, da das Cursor-Konstrukt mehrere Einzelabfragen beinhaltet. Insgesamt ergibt sich aber folgendes Bild. Es entsteht einmalig der folgende Aufwand (um den Cursor aufzubauen):

'Worktable'-Tabelle. Scananzahl 0, logische Lesevorgänge 200, physische Lesevorgänge 0, Read-Ahead-Lesevorgänge 0, logische LOB-Lesevorgänge 0, physische LOB-Lesevorgänge 0, Read-Ahead-LOB-Lesevorgänge 0.

'SalesOrderHeader'-Tabelle. Scananzahl 1, logische Lesevorgänge 7, physische Lesevorgänge 4, Read-Ahead-Lesevorgänge 682, logische LOB-Lesevorgänge 0, physische LOB-Lesevorgänge 0, Read-Ahead-LOB-Lesevorgänge 0.

Dazu kommt 100mal (für jeden Schleifendurchlauf einmal):

'Worktable'-Tabelle. Scananzahl 0, logische Lesevorgänge 2, physische Lesevorgänge 0, Read-Ahead-Lesevorgänge 0, logische LOB-Lesevorgänge 0, physische LOB-Lesevorgänge 0, Read-Ahead-LOB-Lesevorgänge 0.

Das ergibt insgesamt lediglich sieben logische Lesevorgänge und einen Scan der *SalesOrderHeader*-Tabelle sowie 400 (200 + 100 * 2) logische Lesevorgänge der *Worktable*-Tabelle, die temporär während der Ausführung des Cursors angelegt wird. Damit ist der Gesamtaufwand um ein Vielfaches geringer als bei der vermeintlich einfacheren Variante mit der Unterabfrage.

Alternative mit Window Functions

Mit den bereits in Kapitel 4.5 vorgestellten Window Functions gibt es gerade für laufende Summen aber noch eine deutlich effektivere Variante:

```
SELECT TOP 100 SalesOrderID, ShipDate,
    Freight,
    sum(Freight) OVER (ORDER BY SalesOrderID
        ROWS BETWEEN UNBOUNDED PRECEDING
        AND CURRENT ROW)
    AS FreightSum
FROM Sales.SalesOrderHeader AS soh
```

In diesem Beispiel gibt es keine Partitionierung, da die laufende Summe über die gesamte Tabelle gebildet werden soll. Dafür kommt nun eine *ORDER BY*-Klausel zum Tragen, die dafür sorgt, dass die Summen in Reihenfolge der *SalesOrderID* gebildet werden. Dazu kommt eine Framing-Funktion, in der definiert ist, dass die Summe über alle Zeilen von Anfang (*UNBOUNDED PRECEDING*) bis zur aktuellen Zeile (*CURRENT ROW*) zu bilden ist.

Wenn man hierzu wiederum die Ausführungsstatistiken betrachtet, wird man feststellen, dass die *SalesOrderHeader*-Tabelle wie bei der Variante mit Cursor nur noch einmal durchlaufen werden muss (ein Scan mit sieben logischen Lesevorgängen).

***'SalesOrderHeader'-Tabelle. Scananzahl 1, logische Lesevorgänge** 7, physische Lesevorgänge 0, Read-Ahead-Lesevorgänge 0, logische LOB-Lesevorgänge 0, physische LOB-Lesevorgänge 0, Read-Ahead-LOB-Lesevorgänge 0.*

Allerdings fallen hier die zusätzlichen Lesevorgänge auf der *Worktable*-Tabelle völlig weg, sodass die Variante mit Window Functions nochmal deutlich effektiver ist.

Dennoch gibt es – wenn auch selten – Fälle, in denen ein Cursor die beste Wahl ist, da er aufgrund der Komplexität der Aktionen darin, nicht immer in eine einfachere Abfrage mit Window Functions umgewandelt werden kann.

5.5 Temporäres Deaktivieren von Indizes

In Kapitel 1 Indizes wurde bereits auf die Wichtigkeit von Indizes für die Ausführung von Suchvorgängen hingewiesen, aber auch beschrieben, dass Indizes die Ausführung von Datenänderungsaktionen verlangsamen können, weil auch die Indizes selbst mit jeder Änderung an der Tabelle aktualisiert werden müssen. Werden viele Zeilen einer Tabelle aktualisiert, hat dies meist zur Folge, dass auch die zu dieser Tabelle definierten Indizes fragmentiert sind und reorganisiert oder gar neu erstellt werden müssen, damit sie weiterhin verwendet werden können.

Daher bietet es sich in solchen Fällen an, die Indizes auf solche Tabellen vor den Änderungsaktionen zu deaktivieren, sodass man sich zumindest die laufenden Indexaktualisierungen ersparen kann, wenn die Indizes nach den Änderungsaktionen ohnehin neu aufgebaut werden müssen. Dabei muss man die Indizes nicht einzeln angeben, sondern kann die Aktion – wie das folgende Beispiel zeigt – mit einer Anweisung auf alle Indizes einer Tabelle ausführen:

```
ALTER INDEX ALL ON Person.Person DISABLE
GO

-- Datenänderungsoperationen

ALTER INDEX ALL ON Person.Person REBUILD
GO
```

Listing 5.14: Temporäres Deaktivieren von Indizes

Je nach Tabellengröße kann das Neuerstellen der Indizes mit *REBUILD* einige Zeit in Anspruch nehmen, sodass man hier abwägen muss, ob dies den Zeitgewinn beim Einfügen der Daten wieder zunichte macht.

HINWEIS: Ein REORG des Index reicht hier nicht aus, da die Indexdaten selbst durch das DISABLE verworfen werden (lediglich die Definition des Index bleibt erhalten), sodass anschließend ein Neuerstellen mit REBUILD erforderlich ist, bevor der Index wieder genutzt werden kann.

5.6 Datenbanklogik auf den Server verlagern

Ein weiterer Ansatz, den Datenzugriff zu optimieren, liegt darin, die Datenbanklogik (oder zumindest Teile davon) so weit wie möglich auf den SQL Server zu verlagern und dadurch unter anderem die Menge der Daten, die zwischen Client und Server transportiert werden müssen, auf ein notwendiges Minimum zu reduzieren.

Sichten

Die Nutzung von Sichten verlagert die Logik nicht direkt auf den SQL Server, da dort definierte Sichten immer zusammen mit der aufrufenden Abfrage ausgeführt und daher auch gemeinsam optimiert werden.

Zwar wird für Sichten kein fertiger Ausführungsplan im Cache gespeichert, aber zumindest der von Parser und Algebrizer erzeugte Syntaxbaum (siehe Kapitel 2), in dem geprüft wurde, dass die Sicht auch zu den aktuellen Datenstrukturen passt. Bei der Kompilierung einer Abfrage, die diese Sicht verwendet, wird also ein wenig Zeit gespart.

Ein wichtigerer Aspekt ist aber dabei, dass in den Sichten schon verschiedene Optimierungsansätze aus den letzten Kapiteln berücksichtigt werden können, ohne dass ein Anwendungsentwickler, der diese Sicht verwendet, sie kennen muss.

So kann beispielsweise eine Reduzierung auf die von der Anwendung benötigten Spalten stattfinden oder durch zusätzliche redundante *WHERE*-Bedingungen sichergestellt werden, dass für die Ausführung der Sicht auch ein Index verwendet werden kann.

Insbesondere die Gefahr eines *SELECT * FROM GanzGrosseTabelle* kann man leicht ausschließen, indem man einen Satz von wohlüberlegten Sichten definiert und in der Anwendung nur über diese Sichten auf die Daten zugreift. Dies lässt sich über eine entsprechende Rechtevergabe leicht sicherstellen.

Da hierbei auch noch zusätzliche Sicherheit gewonnen wird, ist es ein gängiger Ansatz – insbesondere bei Webanwendungen –, für die entsprechenden Anwendungsuser nicht den direkten Zugriff auf Tabellen, sondern nur über Sichten (lesend) oder gespeicherte Prozeduren (für Datenänderungen) zuzulassen.

Zur Verwendung in .NET lassen sich Sichten überall dort einbinden, wo SQL-Abfragen genutzt werden. Damit ist sowohl die Nutzung mit ADO.NET DataReadern und DataSets als auch mit LINQ to SQL oder dem ADO.NET Entity Framework möglich.

Funktionen und gespeicherte Prozeduren

Sowohl für Funktionen als auch für gespeicherte Prozeduren wird ein Ausführungsplan im Plancache gespeichert, der – bei geschickter Parametrisierung – oft wiederverwendet werden kann. Das spart sowohl Zeit als auch Speicherplatz, der sonst für die Erstellung eines neuen Ausführungsplans erforderlich wäre. Dazu lohnt sich bei diesen Varianten auch der Aufwand, die darin enthaltenen Abfragen möglichst gut zu optimieren.

Die seit SQL 2005 verfügbaren Tabellenwertfunktionen lassen sich ausgezeichnet verwenden, um den Zweck von Sichten zu erfüllen, dabei aber neben den vorkompilierten Ausführungsplänen auch noch die Möglichkeit der Parameterübergabe zu nutzen. Viele der so genannten dynamischen Managementsichten sind daher inzwischen als Tabellenwertfunktionen realisiert.

PROFITIPP: Durch die Verwendung von gespeicherten Prozeduren und Tabellenwertfunktionen lässt sich auch die Gefahr einer so genannten SQL Injection minimieren. Diese potenzielle Sicherheitslücke wird insbesondere bei Webanwendungen gerne genutzt, um statt eines Parameters für eine dynamisch zusammengesetzte SQL-Abfrage ganze SQL-Anweisungen einzuschleusen. Da gespeicherte Prozeduren und Tabellenwertfunktionen jedoch Parameter mit fest definierten Typen nutzen, wird ein solcher Manipulationsversuch in den meisten Fällen bereits beim Aufruf der gespeicherten Prozedur zu einem Fehler führen.

Während Tabellenwertfunktionen in der Anwendung wie Sichten sind (nur eben mit Parametern – sofern vorhanden), gibt es für gespeicherte Prozeduren sowohl in LINQ to SQL als auch im Entity Framework eine eigene Schnittstelle. Diese werden in Form von Methoden in die Datenzugriffsschicht integriert und lassen sich anschließend komfortabel nutzen.

SQL Server .NET CLR

Sollten innerhalb einer gespeicherten Prozedur .NET-Funktionalitäten benötigt werden, so lassen sich diese mithilfe der SQL Server CLR-Integration[2] realisieren. Mit dieser bei SQL Server 2005 neu eingeführten Technik ist es möglich, mit .NET-Funktionalitäten (Funktionen, gespeicherte Prozeduren, aber auch eigene Datentypen) zu entwickeln, um diese dann direkt vom SQL Server aus nutzen zu können.

Sofern man sich aber ohnehin in einer .NET-Anwendung befindet, sollte man diese Funktionalitäten stattdessen eher dort implementieren und nur die Datenzugriffe in gespeicherten Prozeduren und Funktionen unterbringen.

2 CLR steht für Common Language Runtime und bezeichnet die Laufzeitumgebung des .NET Frameworks.

PROFITIPP: Für die Entscheidung, ob es sinnvoller ist, eine Funktion in SQL oder in .NET abzubilden, gibt es eine klare und einfache Regel: Wenn die Funktion hauptsächlich aus Datenzugriffen besteht, sollte sie in SQL implementiert werden. Wenn die Funktion aber primär auf komplexer Logik wie beispielsweise komplizierten Berechnungen basiert, oder aber Funktionalitäten wie beispielsweise Web-Service-Aufrufe benötigt, die in SQL nicht direkt zur Verfügung stehen, ist .NET die bessere Wahl.

Genau genommen handelt es sich hierbei um die Umkehrung der Idee, datenlastige Operationen in gespeicherte Prozeduren auszulagern, damit diese direkt auf dem SQL Server ausgeführt werden. Mit der CLR-Integration wird der .NET-Code zwar ebenfalls auf dem SQL Server ausgeführt, auf dem die entsprechende Funktion registriert ist, allerdings im Kontext der .NET-Laufzeitumgebung, wodurch man die SQL Server Engine von prozessorlastigen Aufgaben befreien kann.

Aus Performancesicht richtig interessant wird die Nutzung der CLR-Integration, wenn man die Daten mithilfe einer .NET-Funktion so transformieren kann, dass hierdurch die Nutzung eines Index ermöglicht oder verbessert wird. Hierzu ein einfaches Beispiel:

Die Tabelle *Person.Person* soll nach einer bestimmten Person durchsucht werden. Leider haben Sie von dieser Person nur eine Variable verfügbar, in der die E-Mail-Adresse gespeichert ist. Der Aufbau der E-Mail-Adresse ist allerdings bekannt: *Vorname.Nachname@Domain.com*

Nun wäre beispielsweise folgende Abfrage möglich:

```
SELECT *
FROM Person.Person
WHERE @eMailAddress LIKE FirstName + '.%'
    AND @eMailAddress LIKE '%.'
        + LastName + '@%'
```

Listing 5.15: Suche nach Personen anhand der E-Mail-Adresse

Dies funktioniert zwar, kann aber einen auf beide Namensteile vorhandenen Index nur per Index Scan nutzen, da die Datenbankfelder nicht isoliert in der Abfrage verwendet werden.

Hätten Sie stattdessen Funktionen zur Verfügung, mit der die Namensbestandteile aus der E-Mail-Adresse extrahiert werden können, ließe sich die Abfrage in folgende Form umschreiben:

```
SELECT *
FROM Person.Person
WHERE LastName
    = ufnGetLastNameFromEMail(@eMailAddress)
  AND FirstName
    = ufnGetFirstNameFromEMail(@eMailAddress)
```

Listing 5.16: Nutzung einer .NET-Funktion zum Extrahieren der Bestandteile einer E-Mail-Adresse

Da beide Funktionsaufrufe für jede Zeile der Abfrage denselben Wert zurückliefern, müssen die Funktionen jeweils nur einmal pro Abfrage ausgeführt werden. Dazu ermöglicht die Isolation der indizierten Spalten *LastName* und *FirstName* auf die linke Seite der Vergleichsoperation die wesentlich effektivere Suche auf dem entsprechenden Index per Index Seek.

Ob man die Funktion dann besser in T-SQL oder .NET entwickelt, hängt allerdings wieder davon ab, ob diese eher daten- oder rechenlastige Operationen beinhaltet. In dem Beispiel oben ließe sich das Problem sogar durch geschickte Verwendung der T-SQL-Zeichenfolgenfunktionen direkt in der Abfrage lösen, aber das ist ja nicht immer der Fall. Und wenn man diese Funktionalität öfter benötigen sollte, will man sicherlich eine SQL-Abfrage wie die folgende vermeiden:

```
SELECT *
FROM Person.Person
```

```
WHERE LastName = SUBSTRING(@eMailAddress,
        CHARINDEX('.',@eMailAddress)+1,
        CHARINDEX('@',@eMailAddress)-
        CHARINDEX('.',@eMailAddress)-1)
    AND FirstName = LEFT(@eMailAddress,
        CHARINDEX('.',@eMailAddress)-1)
```

Listing 5.17: Verwendung von T-SQL-Zeichenfolgenfunktionen zur Suche des Namens in der E-Mail-Adresse

Bewährte Lösungen aus der Praxis

Nachdem in den vorangegangenen fünf Kapiteln die theoretischen Grundlagen für die Optimierung von Datenbankabfragen gelegt wurden, folgen hier nun ein paar praxisorientierte Beispiele, die aufzeigen, wie gängige Probleme möglichst performant in T-SQL zu lösen sind.

Natürlich können hier aus Platzgründen nicht alle gängigen Probleme mit deren Lösungen dargestellt, sondern es kann lediglich eine kleine Anzahl an Lösungen vorgestellt werden. Die gezeigten Beispiele sollten aber dazu beitragen, ein Verständnis zu entwickeln, wie man auch andere problematische Abfragen optimieren kann.

6.1 Aktualisieren von großen Datenmengen

Wenn eine große Anzahl an Zeilen einer Tabelle zu aktualisieren ist (beispielsweise um alle nicht gefüllten Werte einer Spalte mit einem Default-Wert zu belegen), empfiehlt es sich, dies in mehreren Schritten auszuführen. Somit wird sichergestellt, dass die Tabelle nicht über lange Zeit exklusiv gesperrt wird und dabei andere Transaktionen blockiert. Auf der anderen Seite wird so auch vermieden, dass die ganze Aktion eventuell zurückgerollt wird, weil das System erst zu spät feststellt, dass eine zu ändernde Zeile von einer anderen Transaktion gesperrt ist. Dies wäre insbesondere dadurch fatal, da der Rollback normalerweise ein Vielfaches der Zeit der eigentlichen Änderungsaktion benötigt.

Letzteres ließe sich zumindest durch ein explizites und exklusives Sperren der gesamten Tabelle per Tabellenhinweis verhindern, wie folgendes Beispiel anhand der Tabelle *Person.Person*[1] zeigt.

```
UPDATE Person.Person WITH (TABLOCKX)
SET Title='unknown'
WHERE Title IS NULL
```

Listing 6.1: Update der Tabelle mit exklusiver Tabellensperre

Bei dieser Variante würde gleich zu Beginn festgestellt, wenn die komplette Tabelle nicht exklusiv gesperrt werden kann, und der *UPDATE* könnte später erneut versucht werden. Allerdings bleibt das Problem, dass dann, wenn die Tabellensperre funktioniert und die Änderung ausgeführt wird, andere Prozesse über einen längeren Zeitraum blockiert werden.

Daher liegt hier eine in der Praxis bewährte Variante darin, mittels des Zusatzes *TOP* immer nur einen kleinen Teil (z. B. 1 000 Zeilen) der Tabelle auf einmal zu aktualisieren.

```
UPDATE TOP (1000) per
SET Title='unknown'
FROM Person.Person per
WHERE Title IS NULL
```

Listing 6.2: Update eines Teils der Tabelle

---

1 Die in diesem Beispiel verwendete Tabelle ist mit 19 972 Zeilen, von denen 18 963 Zeilen zu ändern sind, nicht so groß, dass hierfür ein besonderes Vorgehen erforderlich wäre. Zu Demonstrationszwecken der dargestellten Ansätze reicht die Tabellengröße jedoch völlig aus.

Sobald dies erfolgt ist, werden die Sperren wieder freigegeben und der nächste Block an Zeilen kann aktualisiert werden.

Die Anzahl der in einem Schritt zu ändernden Zeilen kann man nun über eine Variable (*@Schrittweite*) parametrisieren und den gesamten Ablauf in eine Schleife packen, die so oft ausgeführt wird, wie noch zu ändernde Zeilen gefunden werden. Dabei wird eine zweite Variable (*@Zeilen*) genutzt, um die Anzahl der beim letzten *UPDATE* geänderten Zeilen zwischenzuspeichern.

Wenn die Performance der Änderung selbst nicht so wichtig ist, sondern eher die Performance einer Anwendung, über die andere User auf die Datenbank zugreifen, möglichst wenig beeinträchtigt werden soll, kann zwischen den einzelnen Updates noch eine kurze Wartezeit (im Listing unten über eine Variable auf 10 Sekunden festgelegt) eingefügt werden, in der auch andere Transaktionen Zugriff auf die Tabelle bekommen.

```
DECLARE @Schrittweite INT
DECLARE @Zeilen INT
DECLARE @Pause DATETIME
SET @Zeilen = 1 -- nur Startwert
SET @Schrittweite = 1000
SET @Pause = '00:00:10'
WHILE @Zeilen > 0
BEGIN
  UPDATE TOP (@Schrittweite) per
  SET Title='unknown'
  FROM Person.Person per (NOLOCK)
  WHERE Title IS NULL
  SET @Zeilen=@@ROWCOUNT
  WAITFOR DELAY @Pause
END
```

Listing 6.3: Update der Tabelle in 1 000er-Schritten mit Pause

Sollte es zwischendrin zu einem Timeout-bedingten Abbruch des Skripts kommen, weil eine oder mehrere Zeilen durch eine andere Transaktion länger gesperrt werden, wird nur ein Rollback für die im letzten *UPDATE* geänderten Zeilen ausgeführt, und man kann später durch einen erneuten Start des Skripts an dieser Stelle wieder fortsetzen.

6.2 Löschen von großen Datenmengen

Soll ein großer Teil von Zeilen aus einer Tabelle gelöscht werden – beispielsweise im Rahmen einer Bereinigungsaktion – stellt sich ein ähnliches Problem. Auch hier sollte vermieden werden, dies in einem einzigen *DELETE* auszuführen und dadurch die Tabelle unnötig lange am Stück zu sperren.

Löschen in mehreren Teilschritten

Ähnlich wie beim Ändern von vielen Zeilen einer Tabelle liegt auch hier eine mögliche Lösung für das Problem darin, die Löschung in kleinen Schritten durchzuführen. So werden beim folgenden Beispielskript aus der Tabelle *Production.TransactionHistory* jeweils 1 000 Zeilen mit einem *TransactionDate* vor 2008 gelöscht.

```
DELETE TOP (1000)
FROM Production.TransactionHistory
WHERE year(TransactionDate)<2008
```

Listing 6.4: Löschen von 1 000 Zeilen einer Tabelle

Analog zum vorangegangenen Beispiel lässt sich auch dieser Ansatz wieder in eine Schleife einbauen, die so lange durchlaufen wird, bis keine zu löschenden Zeilen mehr gefunden werden.

Problematisch ist dabei, dass die Löschaktionen das Datenbankprotokoll stark anwachsen lassen. Insbesondere dann, wenn wirklich ein Großteil der Tabelle gelöscht werden soll, gibt es daher eine wesentlich effektivere Lösung für das Problem.

Löschen durch Umkopieren

Diese besteht darin, dass man den kleinen Teil der Tabelle, der erhalten bleiben soll, in eine separate Tabelle kopiert, anschließend die alte Tabelle per *DROP TABLE* komplett entfernt und zuletzt die neue Tabelle so umbenennt, dass sie wieder den Namen der ursprünglichen Tabelle erhält.

```
SELECT TransactionID, ProductID,
    ReferenceOrderID, ReferenceOrderLineID,
    TransactionDate, TransactionType,
    Quantity, ActualCost, ModifiedDate
INTO Production.TransactionHistoryNeu
FROM Production.TransactionHistory
WHERE year(TransactionDate)<2008

DROP TABLE Production.TransactionHistory
GO

EXEC sp_rename 'Production.TransactionHistoryNeu',
                                         'TransactionHistory'
```

Listing 6.5: Effektiveres Löschen durch Umkopieren der noch benötigten Zeilen

Diese Variante bringt jedoch auch ein paar Nachteile mit sich. Sämtliche Indizes, Constraints etc. (aber auch Identitätsspezifikationen), die auf der alten Tabelle definiert waren, gehen hiermit verloren und müssen auf der neu erstellten Tabelle erneut angelegt werden. Dies kann zwar vorab im Management Studio geskriptet und anschließend neu eingespielt, darf aber nicht vergessen werden.

Löschen durch Hin- und Herkopieren

Wenn die Menge der übrigbleibenden Zeilen nicht zu groß ist, kann man die oben beschriebene Lösung aber auch derart abwandeln, dass diese Daten in eine temporäre Tabelle kopiert werden, anschließend die ursprüngliche Tabelle per *TRUNCATE TABLE* geleert wird und zuletzt die Daten aus der temporären Tabelle wieder zurückkopiert werden. Somit bleiben die Definitionen von Indizes, Constraints etc. erhalten. Sofern eine Identitätsspezifikation definiert ist, muss lediglich beim Zurückkopieren der Daten beachtet werden, dass vorher *IDENTITY_INSERT* aktiviert wird, damit die ID-Werte beibehalten werden können.

```
SELECT TransactionID, ProductID,
    ReferenceOrderID, ReferenceOrderLineID,
    TransactionDate, TransactionType,
    Quantity, ActualCost, ModifiedDate
INTO #TransactionHistoryTemp
FROM Production.TransactionHistory
WHERE year(TransactionDate)<2008

TRUNCATE TABLE Production.TransactionHistory

SET IDENTITY_INSERT
    Production.TransactionHistory ON

INSERT INTO Production.TransactionHistory
    (TransactionID, ProductID,
    ReferenceOrderID, ReferenceOrderLineID,
    TransactionDate, TransactionType,
    Quantity, ActualCost, ModifiedDate)
```

```
SELECT TransactionID, ProductID,
    ReferenceOrderID, ReferenceOrderLineID,
    TransactionDate, TransactionType,
    Quantity, ActualCost, ModifiedDate
FROM #TransactionHistoryTemp

SET IDENTITY_INSERT
    Production.TransactionHistory OFF

DROP TABLE #TransactionHistoryTemp
```

Listing 6.6: Effektiveres Löschen durch Zwischenspeichern der noch benötigten Zeilen in einer temporären Tabelle

Das Löschen der temporären Tabelle am Ende des Skripts ist nicht zwingend erforderlich, ist aber durchaus sinnvoll, falls die Session danach nicht beendet wird (denn erst dann wird die temporäre Tabelle automatisch entfernt).

Ein Problem gilt es allerdings auch noch bei dieser Lösung zu beachten: Wenn Foreign Key Constraints definiert sind, die auf die Tabelle verweisen, müssen diese vorher gelöscht werden, damit die *TRUNCATE TABLE*-Anweisung funktioniert. Anschließend sollten auch die Daten in den referenzierenden Tabellen angepasst werden, damit sie nicht mehr auf inzwischen gelöschte Datenzeilen verweisen. Anschließend können dann die Foreign Key Constraints wieder angelegt werden.

6.3 Paging

Gerade im Bereich von Webanwendungen – aber auch bei klassischen Desktopanwendungen – ist Paging immer wieder ein wichtiges Thema. Dabei geht es darum, dass von großen Ergebnislisten in den meisten Anwendungen immer nur ein Ausschnitt (von beispielsweise 50 Einträgen) des Ergebnisses angezeigt wird und man dann zu den nächsten 50 Einträgen weiterblättern kann. Nun wäre es natürlich wenig effektiv, wenn erst einmal alle Zeilen der Ergebnisliste geladen werden (insbesondere, wenn diese vielleicht mehrere tausend Zeilen umfasst), um dann nur 50 davon anzuzeigen. Daher nutzt man in der Praxis entsprechende Abfragen, die nur den Teil des Ergebnisses laden, der gerade zur Anzeige benötigt wird. Erst dann, wenn der Anwender die nächsten 50 Zeilen sehen will, werden diese nach einer entsprechenden Anforderung über die Anwendung nachgeladen.

Paging mit Common Table Expressions

In SQL lässt sich dies beispielsweise mit einer komplexen Kombination aus Common Table Expressions lösen, wie das folgende Beispiel anhand der Tabelle *Production.Product* zeigt, das die Einträge 201 bis 250 aus der Tabelle herausfiltert:

```
WITH CTE1 AS
(
    SELECT TOP 250 ProductID, [Name],
        ProductNumber
    FROM Production.Product
    ORDER BY ProductID
),
CTE2 AS
(
    SELECT TOP 50 *
    FROM CTE1
    ORDER BY ProductID desc
)
SELECT * FROM CTE2 ORDER BY ProductID
```

Listing 6.7: Paging mit Common Table Expressions

Dabei reduziert die erste Common Table Expression (*CTE1*) die Ergebnismenge auf die drei benötigten Spalten (*ProductID, Name* und *ProductNumber*) der ersten 250 Zeilen. Diese 250 Zeilen werden durch *CTE2* in der Reihenfolge umgedreht, um daraus die ersten 50 (also die letzten 50 von *CTE1*) herauszufiltern. Diese übrigbleibenden 50 Zeilen werden schließlich in der äußeren Abfrage wieder in die ursprüngliche Reihenfolge gebracht.

Man kann sich vorstellen, dass insbesondere die mehrfache Änderung der Sortierreihenfolge nicht gerade performant ist, was sich auch leicht am Ausführungsplan überprüfen lässt, der insgesamt 76 % der Kosten mit zwei zusätzlichen Sortierungsschritten verbraucht.

Paging mit CTE und Window Function

Da ab SQL Server 2005 (und erst ab dieser Version sind Common Table Expressions verfügbar) aber auch die erste Unterstützung für Window Functions eingeführt wurde, gibt es hierzu auch eine deutlich elegantere Lösung:

```
DECLARE @Page AS INTEGER = 5
DECLARE @PageSize AS INTEGER = 50
;WITH CTE AS
(
    SELECT ProductID, [Name], ProductNumber,
        ROW_NUMBER() OVER
            (ORDER BY ProductID) AS RowNr
    FROM Production.Product
)
SELECT *
FROM CTE
WHERE RowNr BETWEEN (@Page-1)*@PageSize+1
    AND @Page*@PageSize
```

Listing 6.8: Paging mit CTE und Window Function

Hier werden in der Common Table Expression die benötigten Spalten zusammen mit einer laufenden Nummer über die gesamte Abfrage selektiert. Durch diese laufende Nummer kann dann die äußere Abfrage gezielt den Abschnitt der Ergebnismenge auswählen, der die Zeilen 201 bis 250 darstellt. Dabei wurde dieses Beispiel noch etwas flexibler gestaltet, indem die Nummer der Seite sowie die Seitengröße über Variablen festgelegt werden. Durch erneute Ausführung mit geändertem Wert für die Variable *@Page* erhält man also die Daten einer beliebigen anderen Seite.

Paging mit OFFSET ... FETCH NEXT

Ab SQL Server 2012 schließlich ist dieses Problem noch deutlich einfacher zu lösen. Denn ab dieser Version stellt T-SQL einen neuen Zusatz für die *ORDER BY*-Klausel zur Verfügung, mit dem man – ähnlich zum *TOP*-Konstrukt – die Ergebnismenge auf eine bestimmte Anzahl Zeilen reduzieren kann. Diese müssen nun aber nicht mehr am Anfang des vorsortierten Ergebnisses liegen, sondern es kann mit einem so genannten *OFFSET* auch eine bestimmte Anzahl an Zeilen übersprungen werden. Somit überspringt das folgende Beispiel die ersten 200 Zeilen und liefert ab dort die nächsten 50 Zeilen zurück:

```
SELECT ProductID, [Name], ProductNumber
FROM Production.Product
ORDER BY ProductID
    OFFSET 200 ROWS FETCH NEXT 50 ROWS ONLY
```

Listing 6.9: Paging mit OFFSET ... FETCH NEXT

Die Abfrage ist damit deutlich kompakter (und vor allem auch performanter) zu realisieren als mit den älteren SQL-Server-Versionen. Wenn man diese Variante nun wieder über Variablen steuern möchte, ergibt sich folgendes Skript:

```
DECLARE @Page AS INTEGER = 5
DECLARE @PageSize AS INTEGER = 50

SELECT ProductID, [Name], ProductNumber
FROM Production.Product
ORDER BY ProductID
    OFFSET (@Page-1)*@PageSize ROWS
    FETCH NEXT @PageSize ROWS ONLY
```

Listing 6.10: Variables Paging mit OFFSET ... FETCH NEXT

6.4 Doublettenbereinigung

Eine weitere gängige Problemstellung ist die Erkennung und Bereinigung von doppelt gespeicherten Daten, so genannten Doubletten. Dabei ist es oft noch relativ einfach, zu erkennen, wo Doubletten auftreten.

Doubletten erkennen

Wenn wir beispielsweise die Tabelle *Person.Adress* der *AdventureWorks*-Datenbank betrachten und alle Adressen herausfinden wollen, deren Kombination aus *AddressLine1*, *City*, *StateProvinceID* und *PostalCode* mehrfach gespeichert ist, kann dies mit folgender Abfrage erreicht werden:

```
SELECT AddressLine1, City, StateProvinceID,
    PostalCode, COUNT(*) AS Anzahl
FROM Person.[Address]
GROUP BY AddressLine1, City, StateProvinceID,
    PostalCode
HAVING COUNT(*)>1
```

Listing 6.11: Erkennen von doppelten Adressen

Dazu werden die Zeilen einfach anhand der genannten Spaltenkombination gruppiert und anschließend über die *HAVING*-Klausel nur noch die Kombinationen herausgefiltert, die mehr als einmal existieren. In der Beispieldatenbank trifft dies auf genau drei Adressen zu, die jeweils zweimal existieren[2].

Schwieriger wird es nun, wenn man diese Doubletten so bereinigen will, dass jede Adresse nur noch einmal vorhanden ist.

Doublettenbereinigung per Common Table Expression

Dabei definieren wir für dieses Beispiel, dass die jeweils älteste Adresse (die mit der niedrigsten *AddressID*) erhalten bleiben soll.

Vorher sollte jedoch erwähnt werden, dass – um dieses Beispiel auszuprobieren – drei Foreign Keys gelöscht werden müssen, da ansonsten keine Zeilen in der Tabelle *Person.Address* gelöscht werden können. Das Löschen der Foreign Keys geschieht mit den folgenden Anweisungen:

```
ALTER TABLE [Person].[BusinessEntityAddress]
DROP CONSTRAINT
[FK_BusinessEntityAddress_Address_AddressID]

ALTER TABLE [Sales].[SalesOrderHeader]
DROP CONSTRAINT
[FK_SalesOrderHeader_Address_BillToAddressID]
```

2 Wenn man sich die übrigen Spalten der Tabelle ansieht, wird man feststellen, dass sich die Doubletten der genannten drei Adressen in der zweiten Adresszeile (*AddressLine2*) unterscheiden. Inwieweit es sich hierbei dann noch um echte Doubletten handelt, ist Definitionssache. Für das Beispiel hier ist dies jedoch vernachlässigbar.

```
ALTER TABLE [Sales].[SalesOrderHeader]
DROP CONSTRAINT
[FK_SalesOrderHeader_Address_ShipToAddressID]
GO
```

Listing 6.12: Löschen der Foreign Keys als Vorbereitung

PROFITIPP: Wenn man das Löschen der Foreign Keys und die später durchzuführende Bereinigung der Adresstabelle innerhalb einer Transaktion ausführt, kann man anschließend mit einem *ROLLBACK* leicht den Ursprungszustand wieder herstellen.

Mit einer Common Table Expression lässt sich die Bereinigung der Adressdoubletten wie folgt angehen:

```
;WITH CTE AS
(
    SELECT AddressLine1, City,
        StateProvinceID, PostalCode,
        COUNT(*) AS Anzahl,
        MAX(AddressID) AS MaxAddressID
    FROM Person.[Address]
    GROUP BY AddressLine1, City,
        StateProvinceID, PostalCode
    HAVING COUNT(*)>1
)
DELETE adr
FROM Person.[Address] adr
    INNER JOIN CTE
        ON adr.AddressID=CTE.MaxAddressID
```

Listing 6.13: Löschen von doppelten Adressen per CTE

Der Inhalt der Common Table Expression ist weitgehend identisch mit der zuvor verwendeten Abfrage zur Feststellung der Doubletten. Es wurde lediglich eine Spalte *MAX(AddressID)* ergänzt, um die zu löschende Doublette zu identifizieren.

In der *DELETE*-Anweisung, in der die CTE verwendet wird, wird diese nun über diese maximale *AddressID* noch einmal mit der eigentlichen Adressentabelle verknüpft, was notwendig ist, da *DELETE* nicht auf einer gruppierten CTE ausgeführt werden kann.

Für die verwendeten Beispieldaten funktioniert dies bestens. Wenn eine Adresse aber mehr als zweimal auftritt, muss *DELETE* mehrfach ausgeführt werden, da er immer nur die Doublette mit der neuesten *AddressID* „abschält".

Um dies zu vermeiden, kann man die CTE so abändern, dass statt der maximalen die minimale *AddressID* pro Doublette (also die ID der Adresse, die erhalten bleiben soll) selektiert wird. Dazu muss der *JOIN* der *DELETE*-Anweisung dann über die vier Spalten erfolgen, mit denen die Doubletten festgestellt werden. Damit erhält man dann jede „Kopie" der Adresse zusammen mit der ID des beizubehaltenden „Originals". Dieses wird nun durch die Zusatzbedingung *adr.AddressID<>CTE.MinAddressID* aus der Ergebnismenge entfernt, sodass nur noch die zu löschenden Doubletten übrig bleiben:

```
;WITH CTE AS
(
    SELECT AddressLine1, City,
        StateProvinceID, PostalCode,
        COUNT(*) AS Anzahl,
        MIN(AddressID) AS MinAddressID
    FROM Person.[Address]
    GROUP BY AddressLine1, City,
        StateProvinceID, PostalCode
    HAVING COUNT(*)>1
)
DELETE adr
FROM Person.[Address] adr
  INNER JOIN CTE
```

```
ON adr.AddressLine1=CTE.AddressLine1
AND adr.City=CTE.City
AND adr.StateProvinceID=CTE.StateProvinceID
AND adr.PostalCode=cte.PostalCode
AND adr.AddressID<>CTE.MinAddressID
```

Listing 6.14: Komplexere Variante mit CTE

Aber auch hierfür gibt es eine effektivere Lösung, wenn man eine Common Table Expression mit einer Window Function kombiniert.

Doublettenbereinigung mit CTE und Window Function

Dazu wird die Common Table Expression so vereinfacht, dass sie alle Spalten der Adresstabelle zurückgibt. Dazu wird über eine Window Function eine laufende Nummer (*RowNr*) pro Kombination aus den Spalten *AddressLine1*, *City*, *StateProvinceID* und *PostalCode* ergänzt, die nach *AddressID* sortiert ist. Da nun alle Zeilen zurückgegeben werden, fällt auch die Gruppierung (samt *HAVING*-Klausel) in der CTE weg.

In dem *DELETE*, der die CTE verwendet, werden nun alle Zeilen gelöscht, deren *RowNr* größer als 1 ist. Damit spielt es keine Rolle mehr, ob zu einer Adresse keine Doublette, eine oder sogar mehrere Doubletten existieren, da die Adressen mit *RowNr* gleich *1* – also die jeweils ältesten – immer erhalten bleiben.

```
;WITH CTE AS
(
    SELECT *, ROW_NUMBER()
        OVER (PARTITION BY AddressLine1,
        City, StateProvinceID, PostalCode
        ORDER BY AddressID) AS RowNr
    FROM Person.[Address]
)
```

```
DELETE
FROM CTE
WHERE CTE.RowNr>1
```

Listing 6.15: Doublettenbereinigung mit CTE und Window Function

Ein weiterer Vorteil dieser Lösungsvariante liegt darin, dass man den zusätzlichen JOIN nun weglassen kann. *DELETE* kann nun direkt auf der CTE erfolgen, da diese keine Gruppierung mehr beinhaltet.

Stichwortverzeichnis

H

I

J

K

L

M

N

O

P

Q

R

S

T